訪問リハビリテーション 2021年10月・11月号
contents

JN077316

感染症対策の基礎知識

公益財団法人白浜医療福祉財団 白浜はまゆう病院
理学療法士
坂本 健一

1 はじめに

　病院、特に急性期病院と在宅医療や療養型施設・介護施設等では求められる感染対策が同じとは限らない。しかし、感染対策の基礎や共通した部分も多いはずである。今回、病院に勤務し、感染対策に関わる理学療法士として、感染対策に必要と思われる知識をまとめてみたので参考にしていただきたい。

　ほとんどの病院には、院内の感染対策を担う感染対策委員会（infection control committee：ICC）が設置されており、職員はICCが開催する研修会に参加することになっている。これは、医療法の第6条の10及び医療法施行規則の第1条の11[1]に示されており、ICCの開催や職員全員を対象にした研修会を実施することになっているためである。そのため、病院で勤務しているとほとんどの職員は感染対策を学ぶ機会がある。また、診療報酬で「感染防止対策加算」が

あり、これにも職員の研修を行うことが定められている。

　院内には感染管理を専門とする医師や看護師、薬剤師、臨床検査技師などの多職種で構成される感染対策チーム（infection control team：ICT）がICCとは別に設置されており、感染対策の実動部隊として重要な位置づけとなっている。中規模以上の病院であれば、理学療法士がICTに配属されていることもあり、当院もその一つである。感染対策はICCやICTだけが頑張れば感染や感染症の流行を制御できるわけではなく、全員で対応しないといけない。そのため、すべての職員が感染対策を学ぶ必要がある。

　感染対策の研修では「標準予防策（standard precautions）」や「感染経路別予防策（transmission-based precautions）」を中心に感染対策を学ぶことが多く、病院に勤務していなくてもこの2つの言葉を聞いたことがあるのではないだろうか。特に2019年から世界的に流行した

新型コロナウイルス（SARS-CoV-2）による感染症COVID-19（coronavirus disease 2019）によって、多くの人が標準予防策をはじめ、感染対策を学ぶ機会があったと思われる。しかし、病院に勤務していて感染対策を学ぶ機会が多くても、感染対策を十分に理解できている人は少ないのではないかと思う。感染対策の基本的なことをきちんと理解することで、感染対策の効果を十分に発揮できるようになると考えている。今回のこの機会に感染対策に興味を持っていただき、学ぶきっかけや理解の手助けになればと思う。

2 感染対策を学ぶ

感染対策を学ぶ前に、基本的な用語の確認をする。感染（infection）とは、ある生物の生体内（宿主という）に別の微生物が進入・定着した後、増殖を行うことをいう。微生物が単に付着した場合は汚染と呼び、感染とは区別される。宿主の体内に微生物が侵入し、感染して増殖し発症することを感染症と呼ぶ。感染が成立するためには3つの要素がそろう必要があり、

①感染源（微生物を含むもの）
②感染経路（接触感染など）
③感受性宿主（感染を受けやすい人）

の3要素がそろうことを「感染の連鎖（chain of infection）」と呼ぶ。感染対策の原則はこの感染の連鎖を断ち切ることと言われている。この感染の3要素をもう少し詳細にして「感染成立のプロセス」を示したものは、以下の6つとされている。

①病因（感染性因子となる微生物など）
②病原巣・宿主（微生物が生存できる場所で患者、医療従事者、医療機器、環境など）
③排出門戸（微生物が排出される部位で気道・口・鼻や肛門など）
④侵入門戸（微生物が宿主の組織に侵入するための身体部位で気道・口・鼻や目など）
⑤感染経路（接触感染、飛沫感染、空気感染など）
⑥感受性宿主（感染や発病を防ぐ力のないヒトや動物）

この考え方を理解しておくことは、感染対策を実践する上で重要である。①〜⑥それぞれに予防や対策を考えることができる。たとえば、①病因となる微生物を完全に消すことは困難であるが、清潔にすることである程度減らすことは可能である。②病原巣では、医療器具の適切な洗浄や消毒、清潔な環境を保つ清掃など。③排出門戸では、呼吸器症状のある人にマスクを着用してもらうなどがある。④侵入門戸であれば、皮膚や粘膜のバリア機能を正常な状態に保って微生物の侵入を防ぐこと、皮膚に褥瘡や創傷をつくらないことがある。⑤感染経路については後で詳しく説明するが、標準予防策や感染経路別予防策をしっかり行うことである。⑥感受性宿主に関しては、予防接種や栄養状態の改善が含まれる。ちなみに、感染性微生物に曝露したからといって、必ずしも感染・発症するとは限らない。宿主の感受性（免疫状態）に対して、微生物の数量（微生物の種類によって発症する数量は異なる）が多く、病原性の性質も強く、曝露時間が長いなどであれば発症のリスクが高くなる。

感染に関わる生物を病原体と呼び、寄生虫、原虫、真菌（カビ）、細菌、リケッチア（特殊な細菌）、ウイルス、プリオンがある。ウイルスは生物学上で非生物とされており、プリオン（クロイツフェルト・ヤコブ病や狂牛病など）に関しては蛋白質性感染因子である。このなか

で、原虫、真菌、細菌（リケッチアを含む）、ウイルスは感染性微生物と呼ばれるが、寄生虫やプリオンも感染性微生物として同じように扱われることがある。

　感染性微生物が排出門戸を出てから、侵入門戸にたどり着くための手段を感染経路（mode of transmission）という。伝播経路とも呼ばれる。感染経路はたくさんあるが、医療関連感染で重要なのは、接触感染（contact infection）、飛沫感染（droplet infection）、空気感染（air-borne infection）（または飛沫核感染droplet nuclear infectionという）の3つである。感染性微生物による感染経路は1つとは限らず、複数ある場合も多い。また、この3つ以外の感染経路として、塵埃感染（吐物や糞便が乾燥してほこりとして舞い上がり、口から吸い込む経口感染）、糞口感染、食中毒、節足動物のベクター（媒介者）を介した感染（蚊やダニ、ノミなど）、血液媒介感染（輸血や針刺し切創など）、性感染などがある。

1. 接触感染

　接触感染は医療関連感染でもっとも多い感染経路である。接触感染には、感染者や無症状の保有者（保菌者など）に触れることで伝播が起こる「直接接触感染」と、患者に使用した医療機材や患者周囲の環境など、汚染された物や環境表面を介する「間接接触感染」がある。薬剤耐性菌（多剤耐性菌）や疥癬、それに消化器感染症を引き起こすクロストリジオイデス・ディフィシル（Clostridioides difficile）やノロウイルス（norovirus）等の微生物の多くは接触感染する。

2. 飛沫感染

　飛沫は口や鼻から飛散される水分を含んだ粒子のことである。飛沫感染は、咳、くしゃみ、あるいは会話などの際に飛沫に含まれた微生物が、1〜3m以内にいる人の目や鼻、気道の粘膜と接触することで感染することをいう。飛沫は5μm以上の大きさの粒子で、その多くは1〜2mで落下する。医療の場面では、呼吸理学療法による咳の誘発、気管吸引、気管挿管、心肺蘇生でも飛沫は飛散するので注意が必要である。インフルエンザ、風疹、流行性耳下腺炎、百日咳、マイコプラズマ肺炎などは飛沫感染する。

3. 空気感染

　空気感染は飛沫核感染とも呼ばれ、空中に浮遊する飛沫核を吸入して感染することをいう。飛沫核とは、咳やくしゃみ、会話などの際に飛散された飛沫の水分が蒸発して生成されたものと考えられており、直径5μm以下で軽く、空中を長時間浮遊し、遠く離れた者にも到達すると考えられている（これらの説明は感染症の疫学から推論されたもの）。空気感染する感染症としては、結核、水痘、麻疹がある。インフルエンザや重症急性呼吸器症候群（severe acute respiratory syndrome：SARS）、今回のCOVID-19も特殊な環境下では空気感染するとの考えも一部ではされているが、現在のところ空気感染とは異なるエアロゾル感染として別枠として考えられている（エアロゾル感染の明確な定義がされていないが、空気感染は飛沫の水分が蒸発したものとされており、エアロゾル感染の場合は水分が蒸発していない粒子も含んでいるとしていることが多いようだ）。

　感染対策を学ぶ上で、「標準予防策」や「感染経路別予防策」は重要である。これらは米国疾病対策センター（Centers for Disease Control and Prevention：CDC）の「隔離予防策の

ためのCDCガイドライン」の中で書かれてお
り、現在の医療機関のほとんどがこのガイドラ
インを基に感染対策を行っていると思われる。
　現在の「隔離予防策のためのCDCガイドライ
ン」は2007年に改訂されたものであるが、それ
以前にCDCは1970年に「隔離技術マニュアル」、
1983年に「隔離予防策ガイドライン」を出してい
る。これらは感染症の種類による感染予防策を
取るようになっており、感染経路別予防策へと
発展していく。一方で標準予防策の前身は、ヒ
ト免疫不全ウイルス（Human immunodeficiency
virus：HIV）が血液や体液の中から発見された
ことから、血液・体液予防策をすべての患者に
適用する「普遍的予防策」を1985年に提唱して、
1987年にメチシリン耐性黄色ブドウ球菌（methi-
cillin-resistant Staphylococcus aureus：MRSA）
などの抗菌薬に耐性を持つ菌が患者の排泄物や
分泌物に含まれている可能性があることから、
対象を血液・体液だけではなく排泄物や分泌物
を含むように拡大し「生体物質隔離」を提唱した。
そして、1996年に「病院における隔離予防策ガ
イドライン」として「標準予防策」と「感染経路
別予防策」が公開された。2003年のSARSの流行
で呼吸器衛生/咳エチケットの重要性やノロウイ
ル（norovirus）、市中感染型MRSAなどの出現
により、2007年に改訂された。また、この改定で
病院・院内感染（nosocomial infection）から医
療 関 連 感 染（hospital associated infection：
HAI）という用語を採用している。患者がどこで
感染したのかを特定することが難しく、従来の
考えであった急性期病棟のみではなく、外来診
療や在宅医療、療養型施設・介護施設なども含
めた医療ケアを提供するすべてが範囲となって
いる。そのため、訪問リハビリテーションに関わ
るスタッフもこの医療関連感染に関係していると
いうことを理解していただきたい[2)-9)]。

3 標準予防策

　標準予防策は医療従事者であれば聞いたこと
がない人はいないと思われるが、では、その「標
準」とはどういった意味なのか？　標準予防策
の定義を言える人は多いと思われるが、中身を
きちんと説明できる人は少ないのではないだろ
うか。
　標準予防策とは、感染症の有無に関わらずす
べての患者に適用されるもので『すべての患者
の血液、汗を除く体液、分泌物、排泄物、健常
でない皮膚、粘膜は感染性があるものとして対
応すること』とされている。これはHIVやB型
肝炎ウイルス（Hepatitis B virus：HBV）、C
型肝炎ウイルス（Hepatitis C virus：HCV）な
どは、血液や体液を介して感染するリスクがあ
り、すべての患者がHIV等の検査を受けている
わけではなく、ウイルス等の病原体を保有してい
る可能性があるためである。また、感染初期で
は病原体が検出できない期間（ウインドウ期）
や未知の病原体の存在も考えられることから、
感染の有無に関わらずすべての患者が対象と
なっている。繰り返しになるが、そのため、す
べての患者の汗を除く湿性生体物質（体液など）
に暴露するリスクがあるときは、汚染されない
ように手袋やマスク、ガウンなどの個人防護具
を必要に応じて使用して自身や患者を守り、手
指で触れてしまった場合は手指衛生をすること
になっている。

1. 標準予防策の細目

　標準予防策には細目として、①手指衛生　②
個人防護具（personal protective equipment：
PPE）の使用　③呼吸器衛生/咳エチケット　④
患者ケアに使用した機材・器具・機器の取り扱

い ⑤周辺環境整備およびリネンの取り扱い ⑥患者配置 ⑦安全な注射手技 ⑧腰椎穿刺時の感染予防策 ⑨血液媒介病原体暴露防止 が挙げられている。2007年の改定で、③呼吸器衛生・咳エチケット ⑦安全な注射手技 ⑧腰椎穿刺時の感染予防策が追加されており、今後もCOVID-19で注目されているマスクの使用方法や換気・他者との距離などのいわゆる３密などの追加や修正が行われることも考えられる。

標準予防策のもう１つのポイントとしては、「医療従事者個人の感染予防策」と「患者対応や病院運営に関するマネジメント」としての項目に分かれている。医療従事者個人としての標準予防策は、①手指衛生の実施 ②個人防護具の使用（湿性生体物質に暴露するリスクに応じて使用すること）⑦安全な注射手技（シリンジ、針、注射剤の単回使用など）⑨針刺し切創（安全機能付きの機材使用など）や血液媒介病原体暴露防止など医療従事者の安全を守ることが挙げられる。患者対応や病院運営に関するマネジメントとしての標準予防策としては、③呼吸器衛生/咳エチケット（飛沫による感染の相互対策）、④患者ケアに使用した機材・器具・機器の取り扱い（汚染した器具は粘膜、衣服、環境などを汚染しないように注意する）⑤周辺環境整備（環境清掃と高頻度接触面への対応）およびリネンの取り扱い（汚染されたリネンは粘膜や衣服、他の患者や環境を汚染しないように注意する）⑥患者配置（環境を汚染させる恐れのある患者は個室で対応）⑦安全な注射手技 などである[4),5),7)-11)]。

4 手指衛生

標準予防策の中でもっとも身近な感染対策で、しかも重要な手指衛生について確認していく。

手指衛生とは、手指消毒や石けんと流水による手洗いを行うことにより、手指の微生物数をできる限り減らすことである。手指衛生の感染予防効果としては、石けんを用いた手洗いで、石けんの界面活性作用により手指表面の一過性細菌（大腸菌、緑膿菌など）の数を減少させること、速乾性擦式アルコール製剤を用いた手指消毒では、手指の細菌数を減少させ、エンベロープ（ウイルスを覆う脂質二重膜）をもつウイルス（インフルエンザウイルスinfluenza virusやコロナウイルスcoronavirusなど）だけでなく、エンベロープを持たないウイルス（アデノウイルスadenovirus、ライノウイルスrhinovirus、ロタウイルスrotavirusなど）の一部のウイルスの感染性のウイルス量を減らすことがわかっている。

1. 手指衛生の歴史

手指消毒の感染予防効果についての歴史は、ハンガリー出身の医師であるゼンメルワイス（Ignaz Philipp Semmelweis）が最初にデータで示したとされている。ウィーン総合病院の産科医として勤務していたゼンメルワイスは、1847年に医師の手指消毒によって妊産婦の死亡率が減少することを示した。この当時は細菌の存在が認知されていなかったが、ゼンメルワイスは産褥熱による妊婦の死亡の原因が医師の手指に付着した有害粒子であると考え、次亜塩素酸カルシウム溶液を用いて手指衛生を促した。これにより死亡率が減少したのである。ゼンメルワイスは同僚や上司から激しい批判を受けな

がらも手指衛生の重要性を訴え続けたが、手指衛生が医療の現場で普及することはなく、100年以上経った1960年代になりようやく手指衛生の必要性が認識されるようになった。

2000年までは石けんと流水による手洗いが主流であったが、2000年以降に速乾性擦式アルコール手指消毒薬（Alcohol Based Hand Rub：ABHR）が第一選択となってくる。アルコール手指消毒薬を用いることにより、手指の細菌数を迅速に減少させること、手洗いよりも所要時間が短いこと、手洗いに比べて手荒れを起こす可能性が低いことなどが理由とされている。ただし、有機物で手指が汚染された可能性がある場合やアルコールで不活化されにくいエンベロープをもたないウイルス（ノロウイルスなど）、細菌芽胞（クロストリジオイデス・ディフィシルなど）、原虫オーシスト、ダニ、シラミなどによる感染症が疑われる患者やその周囲環境に接触した場合は、手洗いを行う必要があるとされている。

2. 手指衛生のガイドライン

手指衛生に関するガイドラインとしては、2002年にCDCが「医療現場における手指衛生のガイドライン」を公開し、2009年には世界保健機関（World Health Organization：WHO）が「医療における手指衛生のためのガイドライン」を出している。WHOは手指衛生を行うタイミングとして「5 Moments」として5つのタイミング（瞬間）を提唱している。このタイミングは手指の本数である「5」にかけており、

①患者に触れる前（直前）
②清潔／無菌操作の前
③体液暴露リスクの後
④患者に触れた後
⑤患者の周囲環境に触れた後

となっている。ちなみにWHOは5月5日を「手指衛生の日」としており、これも手指の本数の「5」にかけたものとなっている。

3. 手指衛生のタイミング

手指衛生の5つのタイミングは、言葉として覚えることは比較的容易だが、それを実際の臨床場面に反映させるにはきちんとした理解が必要となる。当院でも病棟の看護師が毎朝申し送りの前に口頭で確認しているが、実際の場面では手指衛生がきちんと行えていないことも見られる。

5つのタイミングを実践するには「患者ゾーン」と「医療ゾーン」という考え方が重要になってくる。患者自身や患者の手が届く範囲（患者が使用する付近の環境や物品を含む領域でベッド周囲など）を「患者ゾーン」、患者ゾーン以外のすべての環境表面を「医療ゾーン」と呼ぶ。患者ゾーンは患者が保有する微生物で汚染されている可能性があり、医療ゾーンは他の患者や医療従事者が保有する微生物で汚染されている可能性がある。これらの微生物が手指を介して交差するのを防ぐためにも適切なタイミングでの手指衛生が必要となる。在宅医療での患者ゾーンは、患者の寝室や家全体など、患者毎や場面によって異なると思われるため、「患者ゾーン」を理解した上で対応する必要がある。

手指衛生の5つのタイミングの具体的な場面を交えて説明する。①「患者に触れる前」は、患者ゾーンに入るときや患者に触れる直前に手指衛生をする。具体的な場面としては患者の移動等の介助や理学療法の施行前、バイタルサインの測定前に手指衛生をすることである。これは医療ゾーンの微生物が手指を介して患者に伝播することを防ぐためである。②「清潔／無菌操作の前」は、感染リスクが高い身体部位に触

れる直前に手指衛生をする。具体的には、カテーテルやチューブ類の挿入、吸引、創傷処置、点眼や口腔ケアなど粘膜と接触する処置やケア、医薬品や滅菌物の取り扱いなどの前に手指衛生が必要である。また同一患者のケア中に、汚染された身体部位に触れた後に他の部位に触れる前にも手指衛生を行う。これは医療従事者の手指から患者へ、また同じ患者の1つの身体部位から別の身体部位に微生物が伝播するのを防ぐ目的がある。③「体液暴露リスクの後」は、血液・体液（肉眼でみえないものを含む）に触れた可能性のある場合で、手袋をしていた場合は手袋を外した直後に手指衛生を行う。具体的には粘膜や創傷に触れた後、排泄物や他の体液を除去した後、吸引後、便器・尿器の洗浄や清拭を行った後である。これは、患者が保有する微生物から医療従事者の感染を予防する目的である。④「患者に触れた後」は、患者に触れた後や患者ゾーンを出るときに実施する。具体的には、移動や入浴、更衣の介助後、理学療法の施行後、バイタルサインの測定後などである。理由としては③と同じである。⑤「患者の周囲環境に触れた後」は、患者ゾーンの環境表面に触れてから患者ゾーンを離れるときに実施することであり、具体的には輸液速度の調整やモニター音の停止などのケアを行った後、患者周囲に置かれているモノや環境表面（サイドレール・ベッド柵やオーバーテーブルなど）に触れた後に手指衛生を実施する。これも理由としては③と同じである。実際の臨床場面では、患者に触れる少し前に手指衛生を行っているが、患者エリアではなく医療エリアで行っており、患者に触れる直前での手指衛生が行えていないことがある。具体的にいうと、廊下で手指衛生して、ドアを開け、カーテンも開けて患者に触れる場合は、適切なタイミングで行えておらず、この場合であればカーテンを開けて患者エリアに入った際に手指衛生をして患者に触れる必要がある。また、点眼の前後での手指衛生が行えていないこともみかける。注意が必要な場面として、患者に触れた後に医療エリアにある共用物品に触れ、患者に触れた後の手指衛生の場面で、共用のボールペンや医療機器などに触れた場合は手指衛生のタイミングとなるが、患者専用の物品の場合は手指衛生をしなくてもよい。ちなみに、手袋は手指衛生の代わりにならないとされており、手袋をしていても手指衛生の回数は減らず、外した後には手指衛生が必要である。

4. 効果的な手指衛生

　手指衛生を効果的に行うためには、①効果的な製剤を使用すること　②手指全体に擦り込むために十分な量を使用すること　③手指全体に擦り込む正しい手技を用いること　④正しいタイミングで手指衛生を実践することである。①はアルコール手指消毒の場合であれば、アルコールの濃度（60〜80％）や手指消毒用のアルコール製剤を用いることである。手洗いの場合は、抗菌作用のない中性石けんを用いることが可能とされており、抗菌剤を含む物質を石けんに添加するメリットがなく、むしろアレルギーや皮膚への刺激、乾燥などを引き起こす可能性があるため避けるべきとされている。②の十分な量を使用することについては、その人の手の大きさによって量が異なり、手が大きい人はアルコール手指消毒の場合3cc（3㎖）でも十分ではないことがある。アルコール手指消毒薬の場合は細菌の減少効果は開始から15秒くらいが大きく、それ以降の減少効果が少ないことから乾燥まで15秒以上と言われている。そのため15秒以内に手が

乾いたと感じる場合は使用量が不足しており、20〜30秒が推奨時間とされている。ちなみに手洗いの場合は40〜60秒が推奨時間とされている。③の正しい手技を用いて手指衛生をすることであるが、アルコール手指消毒薬が十分に擦り込まれにくい部位や、洗い忘れが起こりやすい部位があり、効果的に手指衛生するためには適切な手順で行うことが推奨される。洗い忘れが起こりやすい部位としては、親指、指先、指の間が言われており、手のひら（手掌面）だけでなく手の甲（手背面）も十分に行うように気をつける必要がある。④の正しいタイミングは前述した5つのタイミングを理解して実践する必要がある。

　手指衛生と同様に重要なことがある。それはハンドケアであり手荒れを防ぐことである。医療従事者は頻回に石けんや手指消毒剤を使用するため手荒れを起こしやすい。手荒れを起こすと、①ブドウ球菌やグラム陰性桿菌の定着が起こりやすくなる ②手指衛生の遵守率が下がる ③感染のリスクが高くなる などが考えられる。そのためにも手荒れを防ぐことが重要で、アルコール手指消毒剤を使用直前もしくは使用直後に石けんと流水による手洗いは避ける。手指消毒薬であれば保湿剤や皮膚軟化剤が配合されものを使用する。手洗い後に保湿剤を含むハンドケア用品を使用して皮膚の乾燥を予防するなどの対応が望ましい。また、温水での手洗いを避けること、上質なペーパータオルで擦らずに軽く叩くように拭き取るなども普段から行って手荒れへの対処を行っていただきたい。当院では皮膚保護剤を使用する取り組みも行っており、手荒れ予防にも力を入れている[4),8),10)-13)]。

5 個人防護具（PPE）

　個人防護具（PPE）とは、医療機関で用いられるガウン、マスク、手袋、ゴーグルといった医療材料のことをいう。医療従事者の粘膜、気道、皮膚および衣類を病原体（微生物）の接触・付着から守るために単独または組み合わせて用いられるものである。PPEは、医療従事者が行うケアや処置の場面毎に、身体のどの部分にどの程度の暴露が生じる可能性があるのかを考え（リスクアセスメント）、適切なPPEを選択する必要がある。また、血液などの感染性のある物質（湿性生体物質）による汚染を最小限にとどめるために、適切な方法で着用、また取り外す必要がある。PPEの着脱手順などは、多くのところから写真や絵で説明されているものがあり、比較的容易に手に入れることが可能と思われるので、そちらを参照していただきたい。また、PPEの安全な着脱を行うには訓練が必要であり、写真や動画で確認することも大事ではあるが、実践的な訓練でスキルを習得することが重要である。

1. 手袋

　手袋を使用する目的は、接触による微生物の伝播を防ぐことであり、医療従事者を防護する役割もある。手袋にはさまざまな素材のものがあり、ラテックス（天然ゴム）、ニトリル（合成ゴム）、ビニール（ポリ塩化ビニール）などの種類がある。素材の種類によってバリア効果や強度、伸縮性、装着感、アレルゲンなどが異なり、手袋を使用する場面、ケアや処置の内容によって使う手袋の種類を適切に選択する必要がある。

　天然ゴムであるラテックスの手袋は、高強度

でフィット感も良く、指先の感覚を損なわないため、手術や注射処置等で使用されることが多いが、ラテックスに含有されるタンパク質によるアレルギー反応のリスクがある。ラテックス手袋は他の素材の手袋よりも、紫外線、高温、多湿などで劣化しやすいため保管には注意が必要である。また、オイル（ミネラル、ラノリン、ココナッツ、ヤシ、ホホバなど）を含むローションや、ワセリン、その他の石油系の製品は、ラテックス手袋の化学結合を破壊し、手袋の防御性を低下させるため注意が必要である。アルコールによる手指消毒後も十分に乾燥させてから使用する必要がある。

手袋には製造過程でピンホール（目に見えない小さな穴）ができることもあるため、手袋の下の手指は汚染されている可能性が高い。また、手袋を外す際に手指が汚染される可能性があるため、手袋を外した直後には手指衛生が必要である。

手袋は患者毎に、また同じ患者に対する処置毎に交換する必要がある。手袋を着用した手（手袋自体）を、抗菌性あるいはアルコール性の製剤で消毒したり洗ったりしてもいけないとされている（手袋の再利用がMRSA、グラム陰性桿菌の伝播に関連したとの報告があった）。今回の新型コロナウイルス感染症（COVID-19）のパンデミック（世界的大流行）では、PPEが手に入り難くなり、手袋も枯渇状態となった医療機関が多かったと思う。非滅菌手袋が不足した危機的状況下（災害時やパンデミックで手袋が手に入らない場合）においては、集団隔離（コホーティング：同じ感染症の患者を集めて同じ部屋で対応すること）された複数患者を連続で検査・診察する際、患者間で手袋を消毒することで同一手袋の使用は可能である（但し、目に見える汚染や損傷がある場合は要交換）とする

考えも示されている。ただし、危機的な状況の対応としても優先度が低くされており、CDCの「使い捨て医療用手袋の供給を最適化するための戦略」でも「検討する」となっており、再利用を推奨していないことを強調している。基本的には再利用せずに新しい手袋と交換することが重要であり、また再利用を検討するにしても患者へのケアや処置以外の使用を検討することが必要である。

2. マスク

マスクにもいろいろな素材があるが、医療現場で使用されるのは外科用マスク（サージカルマスク、不織布マスク）、N95マスク（レスピレーター）である。

サージカルマスクは、飛沫への曝露を防ぐことは可能であるが、顔面にフィットするように設計されていないため、粒子の直径が5μm未満の小さい粒子（飛沫核）を防ぐことが難しい。また、目にみえて汚れている場合、湿った場合には、できるだけ速かに交換しなくてはいけないとされている。そして、マスクを着用中はマスクの前面に触れてはいけないので注意が必要である。

2021年5月の時点では、日本には医療用マスクの性能規格基準がなく、6月以降に日本産業規格（JIS：Japanese Industrial Standards）のマスクが登場する予定となっている。米国では米国試験材料協会（ASTM：American Society for Testing and Materials）が定めた素材条件があり、一部の医療用マスクはこの規格のレベル1〜3を満たしたものが販売されている。一般に販売されているマスクでも、性能をあらわす指標として細菌ろ過効率（Bacterial Filtration Efficiency：BFE）、微粒子ろ過効率（Particle Filtration Efficiency：PFE）などが表示された

ものがあり、これらを使用する際にもPFEが95％以上のものを選びたい（ASTMのレベル1ではPFEが95％以上のため）。ちなみに、マスクの連続使用時間については詳細なことが書かれているものがなく、1日1回交換するとされている。一部のマスクメーカーでは使用状況に応じて3～8時間とか、12時間以内と書かれているものがあるが、詳細なデータ等を確認できていないので、参考程度にしておくことにする。マスクをして大声で長時間話をした場合などは、1日に何回か交換することも検討することが必要かもしれない。

N95（微粒子用）マスクは空気予防策に用いられるマスクである。N95マスクのN95とは、防塵マスクの規格であり、米国の労働安全衛生研究所（National Institute for Occupational Safety & Health：NIOSH）で定められた規格である。Nシリーズ（N以外にR、Pがある）は、結核菌（Mycobacterium tuberculosis）を含む油性のない微粒子への暴露を防ぎ、"95"は直径0.3μmの微粒子を95％以上捕獲することを意味する。N95のような規格はヨーロッパや中国にもあり、同様の性能があるとされる。N95マスクを使用する際に、事前にフィットテストを行うことが推奨されている。これは自分に合ったN95マスクを確認すること、正しい装着方法を身に着けるためのトレーニングの意味があるとされている。フィットテストには定性的フィットテストと定量的フィットテストがあり、いずれも専用の器具が必要となる。また着用するたびにシールチェック（マスクと顔の皮膚が密着しているか息漏れを確認する方法）を行う必要がある。シールチェックはフィットテストの代わりにはならないとされており、N95マスクの導入時や年に1回はフィットテストを行い、普段の使用時は毎回シールチェックをすることとなる。

3. ゴーグル・フェイスシールド

ゴーグルは飛散した血液や喀痰飛沫等の体液から目（粘膜）を守るために装着する。エアロゾルが発生する恐れのある作業時には、必ず防護具を着用する（汚染された物品や医療機器の除染前で用手洗浄する場合など）。アイシールドの付いたサージカルマスクやフェイスシールドなど、目や顔を防御する製品がある。当院では、眼鏡タイプのアイシールドを言語聴覚士用に採用している。再利用可能なタイプであり、大きさや形状が異なる種類が数種類用意されており、その中で自分の顔にフィットするものを選択してもらっている。COVID-19が流行する前から採用しており、PPE不足の影響を受けずに済んだものの一つである。ちなみに、吸引や口腔ケア、食事訓練（口腔内を覗き込むなどを想定）などの場面で使用している。

4. ガウン・エプロン

血液、体液、分泌物や排泄物で衣服が汚染されることを防ぐために、ガウンやエプロンを用いる。ガウンは全身を防護するが、エプロンは腕の部分が覆われていないため体幹部分のみの防護となる。ケアや処置内容によってどちらを使用するかを決めるが、どちらも撥水性のものが望ましいとされる。使用したガウンやエプロンは、患者ゾーンを出る前に適切な方法で破棄し、すぐに手指衛生を行うことが感染拡大予防には重要である[4),5),10),11),14)-16)]。

6 | 感染経路別予防策

　感染経路予防策は、標準予防策だけでは伝播を遮断することが難しい病原体や、その病原体による感染症を発症している患者に対して、標準予防策に加えて実施する感染対策である。感染経路予防策には、

　　①接触予防策
　　②飛沫予防策
　　③空気予防策

の3つがあり、いずれの感染経路予防策も原則は個室管理とすることが原則となっている。「隔離予防策のためのCDCガイドライン」には対象疾患と予防策が記載されており、詳細はそちらを参照していただきたい。

1. 接触予防策

　患者は原則として個室管理であり、特に急性期医療施設では個室収容するのが望ましい。伝播を促進する状況（便から病原体が検出されている場合で便失禁がある場合など）では、優先的に個室隔離する。個室の数が限られる場合は、同じ病原体による保菌や感染症の場合に限り集団隔離（cohort isolation）とする。集団隔離が難しい場合は、同室者のベッド間を1〜2m以上離すか、カーテンで仕切ることにより対応する。その場合は、免疫不全者、開放創、入院期間の長期化が予測される患者などとの同室は避ける必要がある。

　患者の皮膚、患者周辺の医療機器の表面、汚染された環境表面（ベッド柵など）への接触が予想されるときは、手袋とエプロン（ガウン）を装着する。装着するタイミングとしては部屋に入る前（患者ゾーンに入る前）で、取り外すのは部屋を出る前となっている。これは他の患者への伝播や周囲環境の汚染を防ぐ必要があるためである。同室の患者であっても接触する前には新しいPPEに交換しなくてはならない。患者を搬送するときも、手袋やエプロン（ガウン）の装着を考慮し、装着する際は新しいものを使用する。

　患者の皮膚に触れる器具はできる限り患者専用、またはディスポーザブル製品（単回使用製品）を使用する。他の患者に使用する場合は、事前に適切な方法で洗浄、消毒する。

　環境対策としては、少なくとも1日1回は清掃を行い、特に高頻度接触面（人の手が頻繁に触れる環境表面）の清掃をなるべく頻回に行う。

2. 飛沫予防策

　原則として個室管理であり、接触予防策と同様に急性期医療施設では個室収容が望ましい。個室が足りない場合は、咳や痰の多い患者を優先して個室隔離する。個室の数が限られる場合は、同じ病原体の感染症に罹患している患者と同室にする。外来部門ではすぐに診察室に入れる。患者には呼吸器衛生/咳エチケットを遵守するよう指導する。

　医療従事者は、病室に入るときにサージカルマスクを装着し、患者のケアを行う。飛沫が顔面に飛散するおそれのある場合は、サージカルマスクに加えて、ゴーグルやフェイスシールドを装着する。同室者であっても、接触する前にPPEは交換する必要があり、手指衛生も忘れてはいけない。

3. 空気予防策

　飛沫核（咳やくしゃみ、会話などの際に飛散された飛沫の水分が蒸発したもの）や微生物が小さい粒子に付着したものは軽く、空中に長時間浮遊し、遠く離れたものも吸い込むことで空

気感染が起こる。医療現場でヒトからヒトに空気感染する主な感染症は、結核、水痘・播種性帯状疱疹、麻疹である。

患者は陰圧に空調管理（室内の気圧を室外よりも低くして空気を室外に逃さない）された個室に収容する（空気感染隔離室という）。空気感染隔離室がない場合は、空気感染隔離室のある医療機関に移送する。

隔離室に入るときにはN95マスクを装着する（事前にフィットテストやシールチェックを行う）。

水痘・播種性帯状疱疹、麻疹に対する免疫のない職員はなるべく患者の病室には立ち入らないようにする。水痘や麻疹に免疫のない医療従事者が、患者に曝露した後はすぐにワクチンを接種するとされている[4),5),7),8),10),11)]。

7 微生物学

微生物とは、肉眼では観察することのできない小さな生物の総称であり、一般的には細菌、藻類、真菌、原虫、ウイルスなどが含まれる（ウイルスは細胞の形態を取らないので生物として分類されないことがある）。一部の微生物がヒトに病気を起こし（感染症）、このような微生物を病原微生物や感染性微生物と呼ばれる。感染性微生物には、原虫、真菌、細菌、ウイルスなどがあるが、ここでは細菌とウイルスについて触れることにする。

1. 細菌

細菌は単細胞の原核生物（核膜で囲まれた核を持っていない）である。一般的にペプチドグリカンを主成分とする細胞壁を持っている（例外的にマイコプラズマは細胞壁を持たない。ちなみにヒトや動物の細胞にも細胞壁はない）。細菌は、原則として自律増殖できる生物であり、自ら栄養分を吸収し代謝を行いながら2分裂で増殖する（一部、細胞内に寄生しないと増殖できない細菌もある）。

医学・医療領域では細菌を、グラム染色性と形態（球菌・桿菌）による簡便な分類が用いられることが多い。グラム染色は細菌感染症で原因菌の推定や抗菌薬の選択に用いられる。グラム染色は、紫色の色素で染色後にアルコールで脱色する方法で、脱色されないのがグラム陽性菌、脱色されるのがグラム陰性菌となる（抗酸菌などグラム染色では染まらない菌もある）。グラム陽性菌は、細胞膜の外側に厚い細胞壁（ペプチドグリカン層）を持ち、染色されやすく抗菌薬も効きやすい。一方のグラム陰性菌は、細胞膜の外側に外膜とまばらなペプチドグリカン

層の2層からなり、染色されにくく抗菌薬が通りにくいとされている。

また、細菌の発育・育成にかかわる因子として酸素があり、生存または増殖に酸素が必要な「好気性菌（偏性好気性菌）」、酸素があると生存または増殖できない「嫌気性菌（偏性嫌気性菌）」、酸素の有無にかかわらず増殖可能な「通性菌（通性嫌気性菌）」に分類される。偏性好気性菌と通性嫌気性菌の両方を好気性菌として扱うことがある（診断に便利だからとのこと）。

細菌には病気を起こさない非病原細菌もあるが、感染症を引き起こす病原菌には病原因子がある。病原因子には、①上皮細胞などの侵入門戸に定着して増殖するための線毛（細胞壁の外に直線的にのびている器官）や鞭毛（細胞膜からのびた運動器官で、回転運動して移動することができる）などの因子 ②細胞内に侵入する因子 ③細胞や組織を破壊する因子（細胞間隙に侵入しながら細胞や組織を破壊する。DNA分解酵素、リパーゼなどの脂質分解酵素、白血球を破壊する酵素などがある）④毒素を産生する因子（細胞内に侵入せず、細胞や組織を破壊するような酵素も作らないが、ヒトに病気を起こさせる毒素を産生する）。毒素には外毒素（菌体外に分泌）と内毒素（菌体成分そのものが毒素として働く）がある ⑤炎症反応を惹起する因子（細胞や組織を障害しない毒素でも過剰に炎症反応が起こり、敗血症を起こす）などがある。

2. ウイルス

ウイルスは、遺伝子である核酸（ウイルス核酸）とウイルス自身を形づくるタンパク質の殻（カプシド）からなる。ミトコンドリアやリボソームなどの細胞内小器官はもたず、DNAかRNAのどちらか一方しかもたないため、自身でエネルギー産生を行ったり、タンパク質を合成したりすることはできない。そのため、生きた細胞のなかでのみ増殖し、細胞外や細胞のないところでは増えることはない。また、一部のウイルスは外側に脂質二重膜であるエンベロープをもつ。ウイルスによってはエンベロープ上に糖タンパク質のスパイクをもつものがあり、これらが細胞への吸着・侵入として使われる。

エンベロープをもつウイルスをエンベロープウイルス（インフルエンザウイルスやコロナウイルスなど）と呼び、ウイルスが膜構造体（細胞膜、小胞体、ゴルジ体など）を通過して放出される際にその細胞膜を被って放出されエンベロープとなる。エンベロープは細胞膜由来なので、標的細胞の脂質二重膜と融合して細胞への侵入が容易となる。また宿主の免疫機構から異物として認識され難くなる。一方で感染対策としては、エンベロープウイルスは脂質二重膜を被っているため、アルコールや界面活性剤などによって破壊されやすく、不活化されやすい。

エンベロープをもたないウイルス（ポリオウイルスやノロウイルスなど）は、アルコール等の消毒薬に対する感受性が低い（効き難い）。

ウイルスによる感染症は、感染細胞の形態変化や細胞死がみられることがあり、これが病気の直接の原因となる例もある（ポリオウイルスによる急性灰白髄炎）。またウイルス感染によって惹起された免疫反応が異常な病態となる場合があり、エイズの発症や麻疹でみられる免疫抑制が起こり、二次的な細菌性肺炎や細菌性下痢症を発症することもある。他にも免疫反応が病気の原因になることもあり、B型肝炎ウイルスは肝細胞を傷害することは少なく、宿主の免疫反応により肝細胞が傷害される。これらのウイルス感染による細胞への影響は、病気を引き起こす要因の1つであるがすべてではなく、あくまでも宿主とウイルスのとの相互関係によって

発揮されるものであるとされている。

3. 薬剤耐性菌・多剤耐性菌

抗菌薬に対する感受性（病原体に対する抗菌薬の有効性）が低下し、抵抗性を示すようになった微生物を薬剤耐性菌と呼ぶ。さらに、複数の抗菌薬に対して耐性を示す菌株を多剤耐性菌と呼ぶ（薬剤耐性菌と多剤耐性菌を同じ意味として用いることがあり、ここでは同じ意味で用いる）。多剤耐性菌による感染症は通常の抗菌薬による治療では効果が乏しく、使用できる抗菌薬が限定される。抗菌薬に対する耐性獲得の仕組みには、①抗菌薬の不活化（分解酵素や修飾酵素による不活化）②抗菌薬作用点の変異（菌体成分のDNAやRNAが変化して抗菌薬の影響が減弱）③抗菌薬透過性の低下（抗菌薬が菌の外膜を変化させて侵入できなくなる）④抗菌薬排出の亢進（菌体内に取り込まれた抗菌薬を排出ポンプにより排出する）⑤バイオフィルム形成（大量のネバネバ液で菌自体を覆い、抗菌薬の影響を減弱させる）などがある。薬剤耐性菌というと非常に強い菌のようなイメージを持つかもしれないが、抗菌薬に抵抗性を示すが、毒性が強くなることや消毒剤への抵抗性を獲得したものではない（一部を除く）。また、薬剤耐性菌（多剤耐性菌）は接触感染の経路で伝播することが多いことから、医療従事者は接触予防策や手指衛生の遵守が重要となる。

医療関連感染における主な薬剤耐性菌には、①MRSA ②基質特異性拡張型βラクタマーゼ産生菌（Extended-spectrum β-lactamase：ESBL産生菌）③バンコマイシン耐性腸球菌（Vancomycin-resistant Enterococci：VRE）④多剤耐性緑膿菌（Multidrug-resistant Pseudomonas aeruginosa：MDRP）⑤多剤耐性アシネトバクター（Multidrug-resistant Acineto-

bacter：MDRA）⑥多剤耐性結核菌（Multidrug-resistant tuberculosis：MDR-TB）などがある。このなかでESBL産生菌だけは、特定の菌の名前ではない。ESBL産生菌には、肺炎桿菌や大腸菌、クラブシエラ・オキシトカなど、他にも多数あるが腸内細菌科細菌（いわゆる腸内細菌とは別物である）が多いとされている。ESBL産生菌の特徴として、MRSAなどは分裂して増えていくが、ESBL産生菌は細菌内のプラスミドというDNA分子に薬剤耐性遺伝子があり、そのプラスミド（Rプラスミドという）を他の細菌に移動して薬剤耐性菌にすることができる（薬剤耐性の情報を渡してしまう）。また、このRプラスミドは別の菌種にも移動できるため、肺炎桿菌から大腸菌に薬剤耐性遺伝子が移動することもある。

療養型施設・介護施設等では、MRSAやESBL産生肺炎桿菌の感染と保菌のリスクが高いとされているが、在宅医療では伝播リスクが低いとされている。主な感染経路が接触感染であり、施設等とは異なり集団での生活ではないことが一つの要因と考えられる。ただし、在宅医療では抗菌薬を適切に投与されていないことがあり、またきちんと服用されていないことがあるため、薬剤耐性の原因となる可能性があるので注意が必要である。また薬剤耐性菌には、市中感染型MRSAなどがあり、市中感染型MRSAは白血球溶結酵素（Panton-Valentine leukocidin：PVL）という非常に強い毒性を引き起こし、ときに重症感染症の原因になるとされている[6),17)-27)]。

8 消毒・滅菌

まずは言葉の定義から説明する。消毒とは、対象物から有芽胞菌を除く微生物を害の少ない水準まで減らすために用いられる処置工程をいう（無毒化ということ）。滅菌とは、すべての芽胞菌を含む微生物（ここではプリオン以外の微生物）を殺滅する処置工程をいう。洗浄とは、有機物や汚物を物理的に除去することを指す。ちなみに、殺菌は単に微生物を殺すことであり、その程度は問わないとなっている。除菌も菌を減らすことであり、定義はないとされている。

滅菌法には、熱を使う物理的な方法や濾過を原理とする方法、化学物質を用いる方法などがあり、医療現場では高熱蒸気滅菌法であるオートクレーブ（水蒸気を用いて121℃で15〜20分）を用いることが多い。

消毒法には、熱や紫外線などを用いる物理的な方法や化学物質を用いる方法がある。熱を使う消毒では、煮沸消毒の他に80℃程度の熱水を用いることが多く、食器や医療機器、リネンなどに用いられる。80℃で10分以上の熱消毒を行う。化学物質を用いる方法では、いわゆる「消毒薬」を用いる方法が含まれる。消毒薬は、抗微生物スペクトルにより、高水準消毒薬、中水準消毒薬、低水準消毒薬に分類される（CDCのガイドラインでも分類されている）。高水準消毒薬は、消毒薬のなかでも最も強い消毒薬抵抗性を示す細菌芽胞を確実に殺菌できる消毒薬である（大量の芽胞の場合を除く）。次いで抵抗性の強い結核菌に有効な中水準消毒薬、一般細菌のみ有効な低水準消毒薬と呼ぶ。一般的に抗微生物スペクトルの広い消毒薬ほどヒトへの毒性が強いとされ、消毒対象が限られるため適切な消毒薬を選択する必要がある。

医療機関では医療器具の再利用・再使用（再利用可能なものに限る）をするにあたり、医療器具を使用部位や使用方法による感染リスクに基づいてクリティカル（高リスク）、セミクリティカル（中リスク）、ノンクリティカル（低リスク）に分類したスポルディング（Spaulding）が提唱したスポルディングの分類を用いている。このスポルディングの分類では、クリティカルとは無菌組織や血管内に挿入または皮膚や粘膜を貫通する器具（カテーテルなど）のことで、これらは滅菌（オートクレーブなど）することしている。セミクリティカルとは粘膜や損傷皮膚に接触する器具（軟性内視鏡や直腸体温計など）のことで、高水準消毒（グルタルアルデヒドなど）や中水準消毒（アルコール消毒や次亜塩素酸ナトリウムなど）を行うこととなっている。ノンクリティカルとは健常な皮膚のみに接触する器具（聴診器など）のことで、低水準消毒（塩化ベンザルコニウムや両性界面活性剤など）または洗浄を行うとなっている。ただし、この分類では単純化し過ぎたことが問題とされている部分もあり、実際の器具の消毒等はきちんと確認が必要である。

1. 消毒薬を理解する

消毒効果に影響する因子として、消毒対象部に付着する有機物、消毒薬の濃度、温度、接触時間、対象物の物理的かつ構造的特性、pH（水素イオン濃度）などがある。

消毒薬が微生物に対して殺菌効果を示すには一定の接触時間が必要であり、必ずしも即効的ではない。また血液などの有機物が混入すると消毒薬の殺菌効果は減弱するので注意が必要である。消毒液は化学的に不安定な物質であるため、保存により効果が減弱するのでこれにも注意が必要である。

主に用いられる消毒薬について簡単に触れる。高水準消毒薬には、酸化剤の過酢酸やオキシドール（過酸化水素）、アルデヒド類でフラタール（オルトフタルアルデヒド）、グラタール（グルタルアルデヒド）、ホルマリン（ホルムアルデヒド）などがある。酸化剤は強力な酸化作用により抗菌力を発現し、アルデヒド類は菌体蛋白のアルキル化により抗菌力を発現する。酸化剤の過酢酸は有機物による効力低下は小さいとされるが、オキシドールは粘膜や血液中に存在するカタラーゼの作用により分解するため、生体適用では消毒効果が小さいとされている。アルデヒド類も有機物による効力低下は少ないとされ、血液などの存在下でも消毒効果を発揮するとされる。

中水準消毒薬には、ハロゲン系薬剤（塩素系消毒薬とヨウ素系消毒薬）、アルコール類がある。塩素系消毒薬では、次亜塩素酸ナトリウムなどがあり、酵素阻害、蛋白変性、および核酸の不活化などにより抗菌力を発現すると推定されている。長所としては、低残留性で蛋白質と反応して食塩となる。また塩素ガスとして蒸発する。短所としては、金属腐食性、脱色作用、塩素ガスが粘膜を刺激する、低濃度液は有機物で不活性化されやすい。有機物で不活性化されやすいため、木材やペーパータオル（パルプ）で使用すると濃度残存率が低下することが指摘されている（1分以内などの短時間ではあまり低下しないので気にする必要はないが、数分以上浸して放置する場合などは注意が必要）。ちなみに一時期話題になった次亜塩素酸水も同じ次亜塩素酸が抗菌力を発現するものだが、次亜塩素酸ナトリウムと異なり酸性である。次亜塩素酸ナトリウムより高い殺菌力があるが、濃度が低いために有機物があると容易に活性が低下する。そのため事前に流水などで有機物を除去

する必要がある（これは次亜塩素酸ナトリウムでも同じだが、次亜塩素酸水はもっと影響を受けるということ）。また次亜塩素酸水はひたひたになるくらい使用する必要があるとされている。

ヨウ素系消毒薬は、ポピドンヨードなどがあり、菌体蛋白や核酸の破壊により抗菌力を示す。殺菌効果の発現までに時間を要し、2分間程度かかるとされている。また着色するため環境の消毒には用いられない。

アルコール類では、消毒用エタノール（76.9〜81.4％）、70％イソプロパノール、および速乾性擦式アルコール製剤などがある。蛋白変性や界面活性効果により抗菌力を発現する。長所としては、芽胞を除くすべての微生物に有効であり、短時間で効力を発現する（一般細菌では10秒間で殺滅）。また軽い汚れを除去する効果も期待できる。短所としては引火性があることである。アルコール濃度が50％以下になると強力な消毒効果が期待できなくなり、逆に100％の濃度でも消毒効果が落ちる。

低水準消毒薬には、第四級アンモニウム塩、両性界面活性剤、クロルヘキシジングルコン酸塩などがある。第四級アンモニウム塩には、ベンザルコニウム塩化物（塩化ベンザルコニウム）やベンゼトニウム塩化物などがあり、陽電荷が細菌内に侵入して菌体蛋白に影響して殺菌作用を示す。通常の石けんは陰性に荷電しているのに対して陽性の荷電のため、逆性石けんまたは陽イオン界面活性剤と呼ぶ。

両性界面活性剤は陽イオン部分と陰イオン部分の両者が存在する化合物であり、陽イオンが菌体蛋白などに作用して殺菌作用を示す。また界面活性作用による強い洗浄効果も備えている。アルキルジアミノエチルグリシン塩酸塩などがある。

クロルヘキシジングルコン酸塩は、細胞内成

分の漏出や酵素阻害などにより抗菌力を発現する。毒性・粘膜刺激性・金属腐食性がいずれも少ないため臨床現場で使用されている。芽胞には無効であり、結核菌、ウイルスにも効果が弱い。

いずれの消毒薬にも消毒適用部位（器材）や濃度がそれぞれ決められており、詳細は別途確認していただきたい[5),28)-30)]。

9 ワクチン

ワクチンとは、人工的な異物を接種することで能動免疫（自ら作り出す免疫）を付与し、感染症などの予防や重症化の予防するために用いる物質のことである。ワクチンを接種する行為を予防接種と呼ぶ。

すべての医療従事者は職種にかかわらず、ワクチンで予防可能な疾患（破傷風、ジフテリア、ポリオ、麻疹、流行性耳下腺炎、風疹、水痘など）に対してワクチン接種を受けて免疫を獲得することが求められる。これは、感受性者（感染しやすいヒト・患者）に感染させないだけでなく、医療従事者自身の防護のためにも重要である。

ワクチンの種類には、一般的に生ワクチン、不活化ワクチン、トキソイドがある。この他にも核酸ワクチンとしてmRNAワクチン（メッセンジャー RNAワクチン）やDNAワクチン、ウイルスベクターワクチン、組換えタンパク質ワクチン（成分ワクチンの一種で、不活化ワクチンに分類）などがある。

生ワクチンは、文字通り生きた細菌やウイルスの病原性を弱めた（弱毒）製剤で、結核（BCGワクチン）、麻疹、風疹、水痘、流行性耳下腺などのワクチンがある。

不活化ワクチンは、病原性の細菌やウイルスをホルマリンなどの消毒薬で増殖性・感染性を完全になくしたもの（日本脳炎ワクチンなど）と、病原体の成分を用いる成分ワクチンがある。成分ワクチンは、感染免疫に重要な抗原だけを抽出したものである（インフルエンザワクチンや肺炎球菌ワクチンなど）。また遺伝子組換え技術を用いたものもある（HBVワクチン）。

トキソイドは、細菌の出す毒素が免疫をつくるのに重要な感染症もあり、この毒素の毒性をなくし、免疫をつくる働きのみにしたものである。ジフテリアや破傷風などのワクチンがある。

mRNAワクチンもDNAワクチンも病原体成分（構成蛋白質）の設計図を核酸（RNAまたはDNA）として投与し、免疫誘導するものである。ウイルスベクターワクチンも病原体成分（構成蛋白質）の設計図を用いるが、アデノウイルスなどの感染力のあるウイルスに特定の遺伝子を組み込み人体に投与するものである。

ワクチン接種は自然免疫と獲得免疫（液性免疫と細胞性免疫）の2つを誘導する。ワクチンの種類によって細胞性免疫や自然免疫の誘導に差があり、生ワクチンやmRNAワクチンでは自然免疫と液性免疫（抗体）、細胞性免疫（感染した細胞を破壊する）のいずれも強い誘導がされる。不活化ワクチンは、液性免疫や自然免疫（ワクチンの効果を増強する因子のアジュバントが必要）では強い誘導がされるが、細胞性免疫で弱い誘導もしくは誘導されないと言われている。

薬剤投与には「副作用」と「副反応」、そして「有害事象」がある。副作用とは薬剤によって体が反応したことによる症状であり、副反応は薬剤そのもの作用により出た症状である。有害事象は、薬剤投与後に起こった本人にとって好ましくない有害な事象（健康上の不利益）のすべてとなっており（そのため副反応も有害事

象に含まれる）、薬剤投与に関連がないものも有害事象として含まれる（極端な話ではワクチン接種後に事故等でケガをした場合も有害事象となる）。ワクチンによる副作用のリスクは極めて低いが、副反応がまったくないワクチンはないとされており、ごくまれにアナフィラキシーなどの重篤な健康被害も発生することがある。

ワクチンによる免疫獲得は、自然感染と異なり感染症の発症や重症化のリスクがなく、また原則としてワクチンによる周囲への感染性もないなどの利点もある。ただし生ワクチンは弱く感染させるため、免疫不全者や妊婦には接種できないことに注意が必要である。1回のワクチン接種で免疫が十分付与できるものもあれば、より強力な免疫を付与するため複数回の接種を行う（ブースター効果）こともある。今回のCOVID-19ワクチンもブースター効果のため2回接種となっている（変異株の影響で3回目の接種も検討されている）[31)-33)]。

10 おわりに

感染対策を行う上で必要になる知識や技術は多いと感じている。正しく理解しておかないと努力が無駄になることもある。感染対策に関する書籍等はたくさんあり、わかりやすく書かれているものも多いので、参考・引用した書籍等を参考にしていただきたい。

執筆時点では、COVID-19の第5波で感染が急拡大している。COVID-19が終息したとしても、何年後か何十年後には新しい感染症（新興感染症）の流行になっているかもしれない。それは新型インフルエンザ（鳥インフルエンザ）かもしれないし、再び新しいコロナウイルス感染症かもしれない。まったく新しい感染症かもしれない。いずれにしても、いろいろな情報に惑わされることなく、きちんと対応していけるように、正しい知識と理解、技術を身につけることが重要である。

参考・引用文献

1)厚生労働省https://www.mhlw.go.jp/web/t_doc?dataId=80092000&dataType=0&pageNo=1

2)坂本史衣.感染の成立と予防に関する考え方.基礎から学ぶ医療関連感染対策 標準予防策からサーベイランスまで.改訂第3版.東京:南江堂;2020.p 1-4

3)Nizam Damani著.大場雄一郎訳,基本コンセプトと予防戦略.岩田健太郎監修.岡秀昭,坂本史衣監訳.すべてのICTのために 感染予防、そしてコントロールのマニュアル第2版.東京:メディカル・サイエンス・インターナショナル:2020.p 1-21

4)矢野邦夫・向野賢治・山口征啓.医療関連感染対策の基礎.矢野邦夫・堀井俊伸.感染制御学.第一版.東京:文光堂;2015.p 1-33

5)浮村聡.第12章 感染制御.中野隆史編集.看護学テキスト 微生物学・感染症学.東京:南江堂;2020.p324-359

6)岩田健太郎.絵でわかる感染症withもやしもん.東京:講談社:2015

7)満田年宏訳・著.隔離予防策のためのCDCガイドライン 医療環境における感染性病原体の伝播予防2007.東京:ヴァンメディカル;2007.

8)満田年宏.標準予防策の真の意義―『隔離予防策のためのCDCガイドライン』における位置付け.感染対策ICTジャーナル.2021;Vol.16.No.1:p 7-10

9)満田年宏.標準予防策の歴史と変化.感染対策ICTジャーナル.2021;Vol.16.No.1:p13-14

10)坂本史衣.基本的な感染予防策.基礎から学ぶ医療関連感染対策 標準予防策からサーベイランスまで.改訂第3版.東京:南江堂;2020.p 5-42

11)Nizam Damani著.浜崎智子・葛城建史訳,感染対策の実践(場面).岩田健太郎監修.岡秀昭,坂本史衣監訳.すべてのICTのために 感染予防、そしてコントロールのマニュアル第2版.東京:メディカル・サイエンス・インターナショナル:2020.p119-193

12)林三千雄.手指衛生.感染対策ICTジャーナル.2021;Vol.16.No.1:p15-21

13)峯麻紀子.看護ケア別『手指衛生の5つのタイミング』の実践② 一般ケア―血圧測定・バイタルサイン測定・体位変換.感染対策ICTジャーナル.2020;Vol.15.No.3:p196-202

14)川西史子.個人防護具(PPE)の使用.感染対策ICTジャーナル.2021;Vol.16.No.1:p23-29

15)医療従事者のための使い捨て非滅菌手袋の適正使用に関する手引き(初版):一般社団法人職業感染制御研究会:2021

16)満田年宏監修.医療従事者のためのN95マスク適正使用ガイド:スリーエムジャパン株式会社:2020

17)中野隆史.第1章 微生物学総論.中野隆史編集.看護学テキスト 微生物学・感染症学.東京:南江堂:2020.p 4-20

18)中野隆史.第2章 細菌総論(細菌の性質).中野隆史編集.看護学テキスト 微生物学・感染症学.東京:南江堂:2020.p21-34

19)中野隆史・中田裕二・呉紅.第3章 細菌各論(主な細菌).中野隆史編集.看護学テキスト 微生物学・感染症学.東京:南江堂:2020.p35-76

20)鈴木陽一.第4章 ウイルス総論(ウイルスの性質).中野隆史編集.看護学テキスト 微生物学・感染症学.東京:南江堂:2020.p77-90

21)鈴木陽一.第5章 ウイルス各論(主なウイルス).中野隆史編集.看護学テキスト 微生物学・感染症学.東京:南江堂:2020.p91-122

22)中野隆史.第9章 感染症総論.中野隆史編集.看護学テキスト 微生物学・感染症学.東京:南江堂:2020.p179-205

23)中野隆史監修.感染症総論.病気がみえるvol.6 免疫・膠原病・感染症(第2版).東京:メディックメディア:2018.p146-151

24)山口敏行監修.細菌感染症.病気がみえるvol.6 免疫・膠原病・感染症(第2版).東京:メディックメディア:2018.p169-173

25)木村宏監修.ウイルス感染症.病気がみえるvol.6 免疫・膠原病・感染症(第2版).東京:メディックメディア:2018.p272-277

26)笠原敬監修.抗菌薬.病気がみえるvol.6 免疫・膠原病・感染症(第2版).東京:メディックメディア:2018.p174-179

27)矢野邦夫.知って防ぐ!耐性菌 ESBL産生菌・MRSA・MDRP.東京:ヴァンメディカル;2016

28)坂本史衣.洗浄,消毒,滅菌.基礎から学ぶ医療関連感染対策 標準予防策からサーベイランスまで.改訂第3版.東京:南江堂;2020.p97-108

29)矢野邦夫・堀井俊伸・高根浩・他.医療関連感染対策の実践.矢野邦夫・堀井俊伸.感染制御学.第一版.東京:文光堂;2015.p34-71

30)大久保憲,尾家重治・他.2020年版 消毒と滅菌のガイドライン 改訂第4版.東京:へるす出版:2020

31)笠井正志.ねころんで読めるワクチン―知ってるつもりがくつがえる 医療者のためのワクチン学入門書.大阪:株式会社メディカ出版:2021

32)医療関係者のためのワクチンガイドライン 第3版:一般社団法人 日本環境感染学会

33)COVID-19ワクチンに関する提言(第3版):一般社団法人日本感染症学会 ワクチン委員会

大好評！「つまらせないための本」シリーズ第3弾！ 2019年2月15日発行

今回もクマ先生こと、井上登太先生とひよこちゃん、おむちゃんとの掛け合いを通じて
誤嚥性肺炎ケアについてわかりやすく紐解きながら必要な知識をお届けします。

クマ先生の
評価と実践例つき

症例報告
・脳血管障害
・認知症
・パーキンソン病

gene-books

基礎から学び実践に活かす！
最後まで関わりつづけるための

誤嚥性肺炎ケア 基礎知識

症例付

4つの病態

理解し、寄り添う。

編著
井上登太
みえ呼吸嚥下リハビリクリニック
院長・医師

誤嚥性肺炎は、なぜ問題となり、即食事中止につながるケースが多いのでしょうか。

「最後までできる限り口から食事をしたい」と思っている患者さんに寄り添うためには

誤嚥性肺炎による機能の重度化を防いだうえで、より希望に添った生活をしていただくために、医療専門職同士の連携が欠かせません。本書では、認知度・関心が高まってきた「誤嚥性肺炎」についての考え方や、実践に役立つ評価、ケアに必要な予後予測のヒントと患者さんに関わり続けるための手段、「包括的呼吸嚥下リハビリテーション」として、チームで症例にかかわった評価の対応の実践例をご紹介いたします！ 呼吸器内科医として地域の高齢者に寄り添う井上先生の視点から誤嚥性肺炎ケアに必要な知識を一冊にまとめていただきました。

「誤嚥性肺炎ケア基礎知識」編・著：井上登太
ISBN 978-4-905241-85-0 体裁 A5判 160ページ 定価 1,980円＋税

ともあ直販申込み限定！
購入特典

とろみ測定や姿勢のチェックに役立つ
ごっくんチェック
（簡易式姿勢・粘度測定版）
をプレゼント！

右側の円でとろみの「粘度」を、左側の斜線で
ギャッジアップ時の「角度」を簡単に計測する
ことができます。

※ともあ直販お申込み限定の特典です。書店・Amazon等でのご購入は
対象外となりますのでご了承ください。

第1弾！

5分以内で助けよう！
誤嚥・窒息時のアプローチ

本体価格 **1,980円＋税**

○2017年11月30日発行 ○A5判/144ページ
○ISBN 978-4-905241-99-7

第2弾！

嚥下機能は耳で診る！
肺音と頚部胸部聴診法

本体価格 **1,980円＋税**

○2019年2月15日発行 ○A5判/128ページ
○ISBN978-4-905241-83-6

お申し込み・
お問い合わせ

株式会社ともあ 〒460-0007 愛知県名古屋市中区新栄3丁目8-7 シャロウェルプリモ 603号
TEL:052-325-6618 FAX:050-3606-5916 e-mail:publisher@tomoa.co.jp

訪問看護事業所における感染対策
感染対策における信頼関係の構築について

訪問看護ステーションとびら 作業療法士

田之頭 光一

1 はじめに

(1) 当事業所と地域の紹介

当事業所がある兵庫県川西市は15万6千人ほどの人口で総人口に占める65歳以上の割合（高齢化比率）は4万7千人と約3割を占める（2015年時点）。また、肢体不自由児・者の割合は0.2割（平成28年度、18歳未満は46人、18歳以上は3184人）である（図1）。

訪問地域は主に川西市、宝塚市、伊丹市、池田市、猪名川町である。5市町共に市街地から程ない距離で自然豊かな環境が広がっている。

訪問看護ステーションとびらは川西市に2018年4月1日に開設された比較的新しい事業所で肢体不自由児と高齢者のリハを中心に展開しており（小児6：高齢者4）、2021年3月には重度心身障害児を対象とした放課後等児童デイサービスやっほも開設している。やっほの開設と同時に一軒家を改装し事業所を移転したが、代表（以下、リーダー）は町の景観を崩したくない思いがあり看板はあえて作らなかった。ご近所と同じような生活空間を作り出すことで地域に溶け込みたい思いがあったことと、高齢化が進むこの地域で静かに暮らしたいと思う住民の方々の気持ちを汲み取り商売をさせて頂く、せめてもの配慮であった。事業所が地域の皆様に愛され長く根付いていくために。（図2）

従業員の構成は、看護師4名（非常勤1名）、作業療法士4名（非常勤1名）、理学療法士4名、保育士1名の総勢13名で活躍している。

今回、当事業所で取り組んだ感染対策や感染を乗り越えていくための事業所としての在りかたについて悩まれている方の一助になれば幸いである。

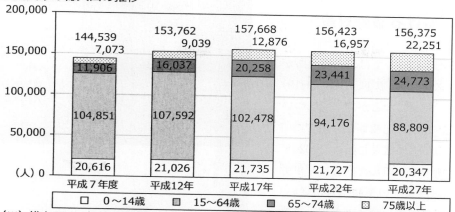

■川西市の総人口の推移

年度	75歳以上	65～74歳	15～64歳	0～14歳	総人口
平成7年度	7,073	11,906	104,851	20,616	144,539
平成12年	9,039	16,037	107,592	21,026	153,762
平成17年	12,876	20,258	102,478	21,735	157,668
平成22年	16,957	23,441	94,176	21,727	156,423
平成27年	22,251	24,773	88,809	20,347	156,375

□ 0～14歳　　□ 15～64歳　　■ 65～74歳　　図 75歳以上

（※）総人口は、年齢不詳者を含むため、各年齢層を足し合わせた数値と相違がある。　　資料：国勢調査

■障がい種別身体障害者手帳所持者数（各年度末現在、単位：人）

		１６年度	１９年度	２２年度	２５年度	２８年度
視覚障がい	１８歳未満	1	1	0	0	0
	１８歳以上	329	322	326	317	302
聴覚障がい	１８歳未満	14	12	17	16	16
	１８歳以上	285	335	371	412	447
言語障がい	１８歳未満	1	1	2	2	2
	１８歳以上	49	66	71	65	67
肢体不自由	１８歳未満	45	65	61	56	46
	１８歳以上	2,661	2,858	3,064	3,298	3,184

出典）川西市障がい者プラン2023
https://www.city.kawanishi.hyogo.jp/_res/projects/default_project/_page_/001/001/063/plan2023_all.pdf

図1　川西市の総人口の推移と身体障がい者手帳を所持している肢体不自由者数

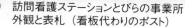

図2　訪問看護ステーションとびらの事業所
外観と表札（看板代わりのポスト）

2 当事業所における感染対策

本項で記載する内容については、当事業所が新型コロナウイルス感染症（以下、COVID-19）に取り組んだ内容、対策になるが、本題についての詳細は第3項、4項で記載させて頂く。

まず、COVID-19が感染拡大し始めた2020年1月頃より、事業所で取り組んだ内容は厚生労働省が推奨している感染症の予防項目に従い、手洗い、うがい、手指消毒、マスク着用、事業所内の換気・物品、電子機器の消毒、3密の回避、集団での飲食回避を基本路線（2021年1月より訪問時のフェイスシールド着用も開始）とし、当事業所独自の感染対策としてはICT（iPad）の導入で在宅リモートワーク、ミーティングはWeb会議システム「Zoom」を利用、報連相はビジネスチャットツール「Slack」で実施、訪問時の直行直帰等、スタッフ同士の接触が極力ないようなワークスタイルを確立していった。対利用者様、ご家族に対して衛生面では厚生労働省が啓蒙している資料を配布し、リハの面では訪問を一時的に休止せざるを得ない方を対象にリモートでリハ・自主練習、介助・介護指導、看護師面談はZoomで実施するなどの対応を行った（図3）。

小児の看護、リハ時の感染防止対策は高齢者の時と同様の装備で行っており、現在とびらの職員、利用者様でCOVID-19の感染者はいない。高齢者と同様の装備で行っている理由としては、スタッフ、利用者様、ご家族共に感染予防に努めていることとそれ以上の感染対策を望まれていなかったことが挙げられる。

衛生資材について、コロナ禍で世間でもマスクが品薄になった時は事業所もマスクの在庫が尽きかけて、利用者様の伝手でマスクを供給し

図3 当事業所のオンライン療育相談場面

て頂いた時期もあった。その後は、兵庫県高齢政策課に申請し衛生資材（マスク、消毒液、手袋、ガウン、ゴーグル等）の提供を適宜受けている（図4）。また、所得の面でスタッフへの給付金として、厚生労働省よりCOVID-19感染症対応従事者慰労金の5万円が支給されたことは記憶に新しい。

3 COVID-19が及ぼした負の影響

看護、リハにおいては、常時マスク、フェイスシールドの着用を余儀なくされ、物理的な息苦しさや声の届きにくさを感じたり、コミュニケーション時は目の動きと声でしか利用者様、ご家族に伝えられないため表情としての表現が伝わりづらい歯がゆさが続いている。特に利用者様の子供は大人の表情を見てコミュニケーションを行うことも多く、リハ

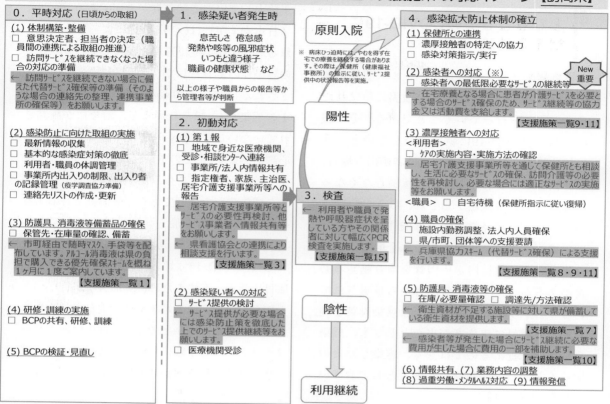

新型コロナウイルス感染症への対応フローと兵庫県の主な支援施策の対応イメージ【訪問系】

0．平時対応（日頃からの取組）

(1) 体制構築・整備
- □ 意思決定者、担当者の決定（職員間の連携による取組の推進）
- □ 訪問サービスを継続できなくなった場合の対応の準備
- ← 訪問サービスを継続できない場合に備えた代替サービス確保等の準備（このような場合の連絡先の整理、連携事業所の確保等）をお願いします。

(2) 感染防止に向けた取組の実施
- □ 最新情報の収集
- □ 基本的な感染症対策の徹底
- □ 利用者・職員の体調管理
- □ 事業所内出入りの制限、出入り者の記録管理（疫学調査協力準備）
- □ 連絡先リストの作成・更新

(3) 防護具、消毒液等備蓄品の確保
- □ 保管先・在庫量の確認、備蓄
- ← 市町経由で随時マスク、手袋等を配布しています。アルコール消毒液は県の負担で購入できる優先確保スキームを概ね1ヶ月に1度ご案内しています。
　　【支援施策一覧1】

(4) 研修・訓練の実施
- □ BCPの共有、研修、訓練

(5) BCPの検証・見直し

1．感染疑い者発生時

息苦しさ　倦怠感
発熱や咳等の風邪症状
いつもと違う様子
職員の健康状態　など

以上の様子や職員からの報告等から管理者等が判断

2．初動対応

(1) 第1報
- □ 地域で身近な医療機関、受診・相談センターへ連絡
- □ 事業所/法人内情報共有
- □ 指定権者、家族、主治医、居宅介護支援事業所等への報告
- ← 居宅介護支援事業所等でサービスの必要性再検討、他サービス事業者へ情報共有等をお願いします。
- ← 県看護協会との連携により相談支援を行います。
　　【支援施策一覧3】

(2) 感染疑い者への対応
- □ サービス提供の検討
- ← サービス提供が必要な場合には感染防止策を徹底した上でのサービス提供継続等をお願いします。
- □ 医療機関受診

原則入院

※ 病床ひっ迫時には、やむを得ず在宅での療養を継続する場合があります。その際は、保健所（健康福祉事務所）の指示に従い、サービス提供中の状況報告等を実施。

陽性

3．検査

- ← 利用者や職員で発熱や呼吸器症状を呈している方やその関係者に対して幅広くPCR検査を実施します。
　　【支援施策一覧15】

陰性

利用継続

4．感染拡大防止体制の確立

(1) 保健所との連携
- □ 濃厚接触者の特定への協力
- □ 感染対策指示/実行

(2) 感染者等への対応（※）　**New 重要**
- □ 感染者への最低限必要なサービスの継続等
- ← 在宅療養となる場合に患者が介護サービスを必要とする場合のサービス確保のため、サービス継続等への協力金又は活動費を支給します。
　　【支援施策一覧9・11】

(3) 濃厚接触者への対応
<利用者>
- □ ケアの実施内容・実施方法の確認
- ← 居宅介護支援事業所等を通じて保健所とも相談し、生活に必要なサービスの確保、訪問介護等の必要性を再検討し、必要な場合には適正なサービスの実施等をお願いします。
<職員>　□ 自宅待機（保健所指示に従い復帰）

(4) 職員の確保
- □ 施設内勤務調整、法人内人員確保
- □ 県/市町、団体等への支援要請
- ← 兵庫県協力スキーム（代替サービス確保）による支援を行います。
　　【支援施策一覧8・9・11】

(5) 防護具、消毒液等の確保
- □ 在庫/必要量確認　□ 調達先/方法確認
- ← 衛生資材が不足する施設等に対して県が備蓄している衛生資材を提供します。
　　【支援施策一覧7】
- ← 感染者等が発生した場合にサービス継続に必要な費用が生じた場合に費用の一部を補助します。
　　【支援施策一覧10】

(6) 情報共有、(7) 業務内容の調整
(8) 過重労働・メンタルヘルス対応　(9) 情報発信

出典）兵庫県 HP 介護サービス事業所・施設向け新型コロナウイルス感染対策関連情報
https://web.pref.hyogo.lg.jp/kf05/documents/houmon20210405.pdf

図4　新型コロナウイルス感染症への対応フローと兵庫県の主な支援施策の対応イメージ

では多くの配慮を要する。

　スタッフの心理状況としては、COVID-19が蔓延する期間が長くなったことで、直行直帰の確立やリモートワークにて職場以外での業務が可能になり業務内容の効率化が図れた。一方で事務作業や電話対応が一定の職員に偏ったり、オフラインでのコミュニケーションが希薄となったり悪循環も出来ていったようにも思われる。また、職員と利用者様、ご家族に感染者が出ていない中で漠然とした不安は漂っているものの、完全に自分事として受け入れられていない状態は続いていた。

　当事業所ではセラピストの総数よりも看護師が少なく女性同士でコミュニケーションを図る機会が少なかったことと感染対策に対するセラピストと看護師の危機意識にやや隔たりがあったこともあり、看護師がストレスを抱えやすい状態であった。コロナワクチンの接種が無い時期は、COVID-19に感染しないための具体的な解決方法がないため、感染に対する不安が増長している要因にもなっていたと思われる。

　COVID-19の感染者が出た時にしなければならないことは、事業所を閉鎖したり、他スタッフに迷惑がかかることを憂いたりすることだろうか。当事業所としてはそういう考えは持ち合わせていない。その点を次項で記載していく。

4 とびらとしてのCOVID-19に対する結論

当事業所としてのコロナウイルス感染対策における結論は、信頼関係が強固に結ばれたチーム作りを行っていくことである。その理由としてCOVID-19に絶対感染しないという保証はどこにも無く、もし感染者が出た場合、風評被害がうまれ、事業所が稼働しなくなった時に収入の激減が予想され、収入と信頼を失う事で一気に経営が傾く可能性がある。そのため、危機的な状況の中でも全職員が経営再建という目標に向かい困難を乗り越える必要があるからだ。厚生労働省から推奨されているガイドラインに従い必要な感染対策を施した上で職員に感染者が出たとしても、感染自体が悪と捉えるのでは無く、感染した後のチームとしての関わりや医療人としてお互い

が協力していく姿勢の方が大切である。

日本赤十字社はCOVID-19によってもたらされる3つの感染症に警鐘を鳴らしている。3つの感染症の定義としてウイルスによって引き起こされる「疾病」そのものの生物学的感染症（第1の感染症）、見えないこと、治療法が確立されていないことで強い「不安や恐れ」を感じる心理的感染症（第2の感染症）、不安や恐怖が「嫌悪・差別・偏見」を生み出す社会的感染症（第3の感染症）を挙げており、最前線で対応する職員はその影響を最も強く受けることになる（図5）。

私はCOVID-19に対し、最前線で立ち向かう職員をサポートするため、リーダーが行うべき大切なことは、個の対話を積み重ねていくことにあるのではないかと考える。理由は個のパーソナリティーを丁寧に見極め、適材適所に人材を当てはめられるのがリーダーであり、普段か

➕ 日本赤十字社
Japanese Red Cross Society

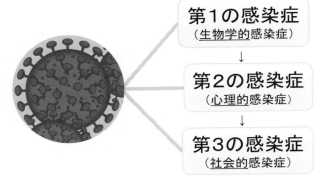

ウイルスによってもたらされる3つの感染症

第1の感染症
（生物学的感染症）
ウイルスによって引き起こされる「疾病」そのもの
↓
第2の感染症
（心理的感染症）
見えないこと、治療法が確立されていないことで強い「不安や恐れ」を感じます
↓
第3の感染症
（社会的感染症）
不安や恐怖が「嫌悪・差別・偏見」を生み出します

未知のウイルスは私たちを不安に駆り立て、ウイルスを連想させるものへの嫌悪・差別・偏見を生み出し、人と人との間の連帯感や信頼感を破壊します。私たちの誰もが、これら3つの感染症の影響を受けていますが、最前線で対応する職員はその影響を最も強く受けることになります。COVID-19対応においては、感染対策（第1の感染症対策）はもちろんのこと、第2、第3の感染症が職員に与える影響を考慮に入れながらCOVID-19対応者へのサポート体制を構築していくことが極めて重要となります。

出典）日本赤十字社・新型コロナウイルス感染症（COVID_19）に対応する職員のためのガイドライン　https://www.jrc.or.jp/saigai/news/pdf/ 新型コロナウイルス感染症（COVID-19）に対応する職員のためのサポートガイド .pdf の P6 を基に作図

図5　ウイルスによってもたらされる3つの感染症

ら声かけ、アドバイス、相談に乗ることができる重要なポジションを担っているからだ。

当事業所の理念は全ての人の心の中にある「したいこと」を「できること」になるということを掲げこれを職員に対しても実践している。リーダーが職員と対話を重ねて相互理解を深め、自己実現したいことを（挑戦したいこと、夢中になれること、社会的意義があること）引き出していく。そして、社内で応援できる文化を作り実際にサポートする、そのような体制を目指している（図6）。リーダーは個人がしたいことをできることになるよう、職員同士が応援できる環境を作ると信頼関係が生まれやすくなる。信頼関係が構築された職場では各個人が自信を持ち、意見を述べる機会が増える。

意見交換が図りやすい現場はお互い気持ちに余裕があり話を傾聴する事ができているため、おのずと情報の共有も早くなり職員間の連携がより強固なものとなる。

リーダーが起点となり、個の連携が図りやすい職場を作っていく事は感染拡大防止において重要なファクターになり得るのではないだろうか。

5 感染に立ち向かう事業所（チーム）の在りかたとは

COVID-19の感染に立ち向かうための事業所（チーム）の在りかたについて、リーダーが一人ひとりの職員と膝を突き合わせて向かい合い、道しるべを作りながら共に歩んできた職員達を例に紹介する。

自身が障害者の当事者でもありパラアイスホッケーに打ち込んでいる職員は定期的な合宿の都合で訪問業務を休む必要があるが、他セラピストが本来休むはずであった分のリハ代行に努めて利用者様に支障が出ないよう配慮している。その結果、他セラピストが代行を請け負うことでパラアイスホッケーに他セラピストの想いも乗せ全力で励むことができ、合宿後の訪問業務はより一層、真摯に取り組める形になる。結果、他セラピストも更に応援する気概が生まれる。スタッフが自社のスタッフを応援する形が社内全体に広がり士気が上がった例である。

管理者に目を当ててみると、COVID-19感染拡大防止策として各職員の事務所の出入りが制限され、事務所でしか行えない管理業務や事務

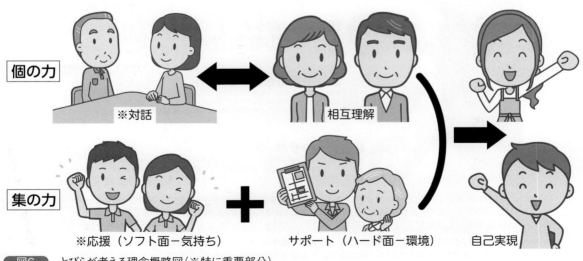

個の力　※対話　相互理解

集の力　※応援（ソフト面－気持ち）　＋　サポート（ハード面－環境）　自己実現

図6　とびらが考える理念概略図（※特に重要部分）

処理は管理者がほとんど一人で行っていたため、業務量増大につき次第に心身のストレスも増加していった。管理者としての業務、看護の訪問は欠勤せずに行えていたものの、代行要員のNsもいなかったため、次第に体調不良で休む機会が増え、他看護師へ管理者を交代しなければならない悲しい出来事が起きた。リーダーからサポートを得やすい環境が作りきれていなかったことや他職員が一体となって看護師を送り出す・迎えいれる体制や配慮が足りていなかったことも交代の一因として考えられる（図7）。

　現在、元管理者は少しずつではあるが、心身の回復が見られてきており、他職員も以前より新旧の管理者へ声かけ、協力する機会が増えてきたので、事業所の雰囲気としては良くなってきている。今回起こったことは残念な結果ではあるが、この失敗経験を基に職員同士が協力しあう場面が増え、互助の精神が改めて生まれはじめていることから他者を思いやる気持ちを見直すよい教訓となっている。COVID-19が感染拡大する前は気づいていなかった、気づこうとしなかった部分が表面化して管理者交代に至った事例であるが、早かれ遅かれ今後起きていたであろう事象だったので、COVID-19が気付かせてくれた良い例になったのではないかと考える。

　ここまで個々の職員がコロナ禍前後に経験してきた経緯を記載したが、感染対策に必要なことは信頼関係と個のパーソナリティーを認めあう文化、安定した給与の支払い（必要最低限の収益は確保できていたので、給与の減少はなかった）、安全に集まれる場所の提供、家族と過ごす時間の提供等が挙げられる。そうした感染対策が機能されれば、職員は安心して働くことができ、心的・物理的安全性は守られる。そ

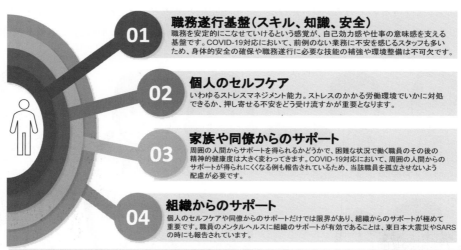

困難な状況で働く職員がこころの健康を
維持するために必要な4要素

01　職務遂行基盤（スキル、知識、安全）
職務を安定的にこなせていけるという感覚が、自己効力感や仕事の意味感を支える基盤です。COVID-19対応において、前例のない業務に不安を感じるスタッフも多いため、身体的安全の確保や職務遂行に必要な技能の補強や環境整備は不可欠です。

02　個人のセルフケア
いわゆるストレスマネジメント能力。ストレスのかかる労働環境でいかに対処できるか、押し寄せる不安をどう受け流すかが重要となります。

03　家族や同僚からのサポート
周囲の人間からサポートを得られるかどうかで、困難な状況で働く職員のその後の精神的健康度は大きく変わってきます。COVID-19対応において、周囲の人間からのサポートが得られにくくなる例も報告されているため、当該職員を孤立させないよう配慮が必要です。

04　組織からのサポート
個人のセルフケアや同僚からのサポートだけでは限界があり、組織からのサポートが極めて重要です。職員のメンタルヘルスに組織のサポートが有効であることは、東日本大震災やSARSの時にも報告されています。

この図は個人が十分な力を発揮するために必要な4要素を示しています。これらを増やしていくことが困難な状況下で働く職員を支援するための基本となります。4要素は、本人のみならず、同僚、上司、施設管理者にも必要です。

出典）新型コロナウイルス感染症（COVID_19）に対応する職員のためのガイドライン　https://www.jrc.or.jp/saigai/news/pdf/ 新型コロナウイルス感染症（COVID-19）に対応する職員のためのサポートガイド .pdf の P16 を基に作図

図7　同僚・組織からのサポートの重要性について

して職員の心的・物理的安全性を継続していくためには、前項で述べた通り、リーダーが起点となり、個の対話を進め、パーソナリティーを理解し尊重した上で必要なポジションへ配置していく、ストロングポイントとウイークポイントをお互いが認めあえるチームを育んでいくことが必要であると思われる。

物理的な感染対策はCOVID-19が感染拡大してからほとんど変わっていないのが現状である。コロナウイルスの最大の脅威は人と人の心理的距離が開き疎遠になってしまうことだと思われるので、上記に記したようなチームができたならばさらに最悪な未曾有の事態にも立ち向かっていけるのではないかと確信する。

6 おわりに

COVID-19の感染拡大により、多くの事業所が人的、物的にも被害を受け苦しめられたことは想像に難くない。一日も早くCOVID-19が収束に向かうことを切に願っている。今後、災害が起きた時や新たな感染症が拡大した時、2025年、2040年問題に直面した時に人は教訓として今回学んだ事を活かしていくことが大切である。

最後に当事業所スタッフのパーソナリティーが認められている事例をいくつか挙げて結びとさせて頂く。ここで紹介させて頂く事例については、障害があってもなくても関係なく、その人がその人らしく生きるために社会参加ができるよう、とびらのリーダー及び職員が業務に邁進しながらも自分にとってかけがえのない時間と生きがいを感じて行動している記録である。リーダーはパラスポーツのコーチング、障害者ダンスの協会理事を務めており、障害者スポーツとダンスの普及に努めている。先の第5項で述べた職員は元々下肢に障害を持っており訪問業務の傍らパラアイスホッケーに励んでいる。作業療法士のスタッフは野外音楽フェスティバルで身体が不自由な方等をアテンドする役割を担っている。活動中は感染予防対策に努めながらコロナ禍もそれぞれ活動を持続できている（図8）。

それぞれの多様性を認め合える事業所はコロナ禍にあっても元気に活動できており、感染にも負けない活力を見いだせているのではないかと思う。

ITAMI GREEN JAM

パラアイスホッケー

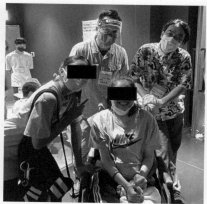
アートファンクブレイキン

図8 とびら職員の活動表現の場

COVID-19における情報収集と発信

リハビリ推進センター株式会社
板橋リハビリ訪問看護ステーション
理学療法士
大沼 剛

1 はじめに

新型コロナウイルス（COVID-19）は、コロナウイルスのひとつで、肺炎など呼吸器症状を主とする感染症である[1]。一般的には、飛沫感染、接触感染で感染し、閉鎖した空間で、近距離で多くの人と会話するなどの環境では、咳やくしゃみなどの症状がなくても感染を拡大させるリスクがあるとされている。一方で、COVID-19に限らず未知の細菌やウイルスによる感染症では対策等も未知の部分が多いため、さまざまな情報が錯綜する。我々医療専門職は、正しい情報を収集することに加えて、利用者に対して、情報を十分に理解して発信することが求められる。本項では、COVID-19における情報収集と情報発信について述べる。

2 情報収集するために必要となるリテラシー

昨今は、インターネットの普及により、新聞やテレビ、ラジオ、週刊誌、書籍など既存のマスメディアによる情報以外にも、インターネットやソーシャルネットワークサービス（SNS：social networking service）など、さまざまな情報源より情報収集することが可能である。しかし、その真贋は不明なことも多く、いわゆる"眉唾もの"の情報も有り、その情報資源（ソース）をしっかりと確認し、どの情報が正しくてCOVID-19の感染症対策に有益であるかを理解しなければならない。一時期、飲酒によりウイルスを殺菌できる、もしくは免疫力がつくといった誤った情報が出回り、世界保健機関（WHO：World Health Origination）が注意喚起をするといった事態も起こった。こういった誤った情報に接しても正しい行動をとるために必要な判断能力をリテラシーという。

リテラシーとは、もとは読み書き能力のことを示す用語であるが、最近ではその意味は広がり、自分に必要な情報を選び、活用する能力と定められている。健康情報に関連した文脈におけるリテラシーは、ヘルスリテラシーと呼ばれ、健康の維持、増進のために必要な情報を得て、適切に活用するための能力とされる[2]。介護予防など健康維持のために必要な活動を行うために、必要な情報を得て活用する能力はヘルスリテラシーとなる。一方、新型コロナウイルス感染症のような未知のウイルスが発生した場合には、日々感染のリスクと向き合いながら生活をしなければならない。こういった状況下では、リスクリテラシー（図1）[3] が求められる。リスクリテラシーとは、

(a) リスクに関わる情報をマスメディアなどから獲得し、理解する能力
(b) リスクの低減に関わる政策や対処行動の理解
(c) リスクに関わる意思決定や行動　である[4]。

3 訪問リハビリテーションにおける情報収集

　我々医療専門職は、利用者やその家族から臨床の現場において、さまざまな質問をされることがあるが、医学的知識に基づき回答する必要があり、高いリテラシーを求められる。特にCOVID-19のような未知のウイルスに対しては、我々のみならず利用者や家族も多くの不安やストレスを抱え、COVID-19に関する質問を受けることも多い。その際に、何が正しい情報かを判断し、正確に伝える必要がある。

　日本理学療法士協会が会員を対象に令和2年5月にオンラインアンケートを実施した結果（図2）[5]、厚生労働省ホームページが76.8%と最も多く、次いで日本理学療法士協会ホームページ（59.2%）、日本医師会ホームページ（26.2%）だった。一方、第一生命経済研究所が全国の20～69歳の男女1000人に対して行っ

リスクリテラシー
- ●リスク情報を獲得し、理解する能力、基本的知識
- ●リスクを低減する政策、支援、サービスの理解
- ●リスクに関わる意思決定や行動

食品リスクリテラシー
放射線リスクリテラシー
医薬品リスクリテラシー
金融リスクリテラシー
　　　⁝

メディアリテラシー
- ●メディアの表現技法、制作過程、企業の目的の理解
- ●メディアが伝える情報の吟味、判的理解と行動

科学リテラシー
- ●基本的科学技術用語、概念理解
- ●科学的な手法・過程の理解
- ●科学政策の理解
- ●意思決定と行動

統計（数学）リテラシー
- ●基本的統計用語、概念の理解
- ●統計的手法・過程の理解
- ●データに基づく意思決定や行動

 図1　リスクリテラシーを支えるメディア、科学、統計リテラシー

たインターネット調査[6],[7]では、新型コロナウイルスに関する情報収集の情報源は、テレビのニュースが80.3%と最も多く、次いでインターネットの情報サイト（54.8%）、テレビのワイドショーなどの情報番組（40.2%）、新聞・雑誌の記事（29.2%）、官公庁やお住まいの自治体のWEBサイト（24.2%）となっている（図3）。特徴的な結果として、高齢になるほど「テレビのニュース」「テレビのワイドショーなどの情報番組」「新聞・雑誌の記事」といった従来型のメディアの割合に高い傾向が見られるが、20代など若年層では「SNSで不特定多数によって拡散されている情報」を情報源としている割合が多く、20代女性では半数がSNSを情報源としていると答えている（図4）。これらのことより、医療従事者である理学療法士は、より専門性の高い情報源から情報収集を行っている傾向があることがわかる。マスメディアで報道される情報は間違った情報ではないが、少数例について取り上げることで注意喚起を促すこともあり、高いリテラシーを持って情報を把握する必要があると考える。

4 情報収集の時期と情報の確かさ

また情報収集については、その情報収集を行う時期と確かさは、比例する（もしくは指数関数的に増えるかも知れない）。COVID-19の流行が始まった時期には、未知のウイルスであるがゆえ、直接的に医療を提供する医師の発言でさえ、注意喚起が取り上げられなかったこともある。このように、未知のウイルスの流行初期では、どの情報が正しいのか、間違っているのかを判断する情報量も乏しく、判断がつかないことも多い。当初COVID-19は、空気感染（エアゾール感染）する可能性もあるとの報道もなされていたが、エアゾール感染ではなくエアロゾル感染（飛沫が空気中に混ざり合って感染する）が正しいのではないかということが、時間経過とともに感染経路などの情報から解明されてきた。このように、物事が解明されるには時間（あるいは多くの犠牲）を要する場合もあり、生命の死という結末を回避するためには、流行初期にはより踏み込んだ感染予防対策が必要となってくるのだろう。

参考にした、参考となった感染対策に関する情報収集先
Q 感染対策に関する情報収集先として参考としたもの、参考となったものをお答えください。 ※複数選択

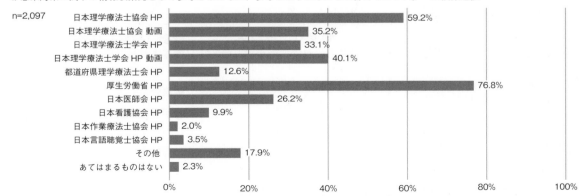

図2 日本理学療法士協会員が参考にした感染症対策に関する情報収集先[3]

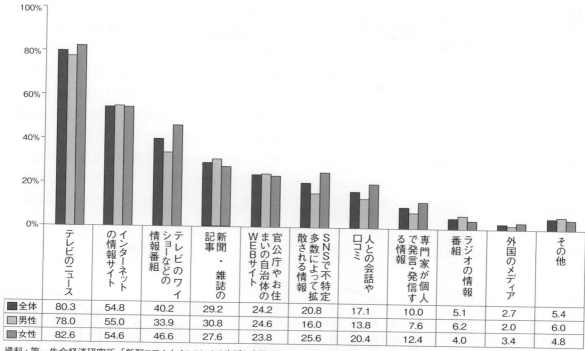

資料：第一生命経済研究所「新型コロナウイルスによる生活と意識の変化に関する調査」2020 年 4 月実施

図3 新型コロナウイルスに関する情報源（全体、性別）[4]

	テレビのニュース	インターネットの情報サイト	テレビのワイドショーなどの情報番組	新聞・雑誌の記事	官公庁やお住まいの自治体のWEBサイト	SNSで不特定多数によって拡散される情報	人との会話や口コミ	専門家が個人で発言・発信する情報	ラジオの情報番組	外国のメディア	その他
全体	80.3	54.8	40.2	29.2	24.2	20.8	17.1	10.0	5.1	2.7	5.4
男性	78.0	55.0	33.9	30.8	24.6	16.0	13.8	7.6	6.2	2.0	6.0
女性	82.6	54.6	46.6	27.6	23.8	25.6	20.4	12.4	4.0	3.4	4.8

		テレビのニュース	インターネットの情報サイト	テレビのワイドショーなどの情報番組	新聞・雑誌の記事	官公庁やお住まいの自治体のWEBサイト	SNSで不特定多数によって拡散される情報	人との会話や口コミ	専門家が個人で発言・発信する情報	ラジオの情報番組	外国のメディア	その他
男性	20代	71.0%	53.0%	32.0%	22.0%	31.0%	27.0%	16.0%	11.0%	10.0%	1.0%	8.0%
	30代	72.0%	60.0%	28.0%	21.0%	25.0%	16.0%	16.0%	7.0%	5.0%	2.0%	9.0%
	40代	78.0%	58.0%	29.0%	30.0%	25.0%	12.0%	16.0%	5.0%	6.0%	2.0%	8.0%
	50代	76.0%	55.0%	37.0%	32.0%	26.0%	14.0%	14.0%	12.0%	3.0%	4.0%	1.0%
	60代	93.0%	49.0%	43.0%	49.0%	16.0%	11.0%	7.0%	3.0%	7.0%	1.0%	4.0%
女性	20代	72.0%	42.0%	40.0%	12.0%	27.0%	50.0%	21.0%	14.0%	1.0%	7.0%	6.0%
	30代	81.0%	56.0%	38.0%	22.0%	24.0%	32.0%	25.0%	9.0%	4.0%	3.0%	5.0%
	40代	79.0%	58.0%	51.0%	27.0%	26.0%	21.0%	20.0%	12.0%	8.0%	3.0%	6.0%
	50代	87.0%	64.0%	50.0%	35.0%	28.0%	17.0%	19.0%	17.0%	4.0%	4.0%	4.0%
	60代	94.0%	53.0%	54.0%	42.0%	14.0%	8.0%	17.0%	10.0%	3.0%	0.0%	3.0%

資料：第一生命経済研究所「新型コロナウイルスによる生活と意識の変化に関する調査」2020 年 4 月実施

図4 新型コロナウイルスに関する情報源（性・年代別）[4]

5 訪問リハビリテーションにおける情報発信

訪問リハビリテーションは、利用者宅に訪問して提供するサービスであるため、セラピストの移動を伴い、限られた空間で接近して実施しなければならないため、COVID-19の感染予防はさまざまな面でより注意が必要である。そのため、緊急事態宣言が出され、不要不急の外出自粛を要請された2020年4月〜5月は、介護サービスの利用も自粛された方も多くいた。図5〜8に、介護給付費等実態統計より著者がまとめた介護予防・介護サービスの受給者数を示す[8]。これを見ると、要支援者の介護予防サービス受給者は（図5）、2019年12月を100%とした場合、訪問看護の受給者数の割合は、2020年5月で96.7%であるのに対して、訪問リハビリテーションでは92.0%であり、より多くがサービス利用を休止していることがわかる。これは、要介護認定者でも同様の傾向であり（図6）、

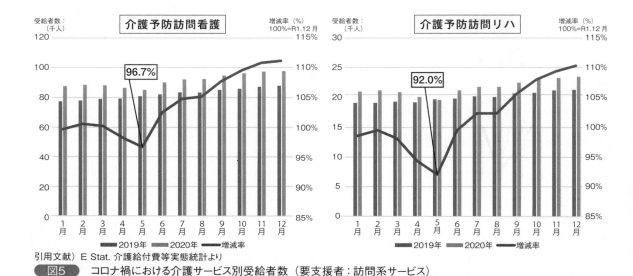

引用文献）E Stat. 介護給付費等実態統計より

図5 コロナ禍における介護サービス別受給者数（要支援者：訪問系サービス）

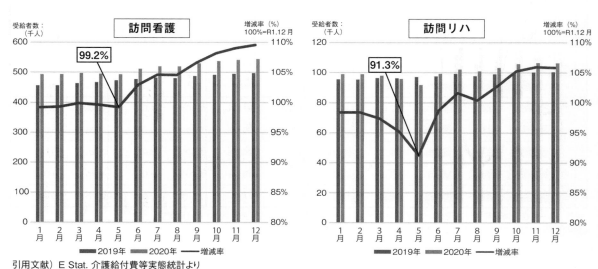

引用文献）E Stat. 介護給付費等実態統計より

図6 コロナ禍における介護サービス別受給者数（要介護者：訪問系サービス）

訪問看護の受給者数の割合が99.2％であるのに対して、訪問リハビリテーションでは91.3％であった。しかし、訪問看護・訪問リハビリテーションともに訪問系の介護サービスでは、その後受給者数の割合が増加し、2019年12月よりも受給者数が増えていることがわかる。

一方、通所系サービスをみてみると、2019年12月を100％とした場合、要支援認定者における通所リハビリテーションの受給者数の割合（図7）は、80.3％と約2割減少していること

がわかる。また、要介護認定者（図8）においても、通所介護では89.3％、通所リハビリテーションでは85.2％と、訪問系サービスよりも減少率が大きいことがわかる。加えて、2020年12月時点においても2019年12月時点の受給者数まで増えていないことからもわかる。これは、通所系サービスの特徴でもある集団で多数の方と接する機会を持つことは、感染リスクが高いのではと利用者が考えたためと推察される。

また、訪問・通所ともに訪問看護や通所介護

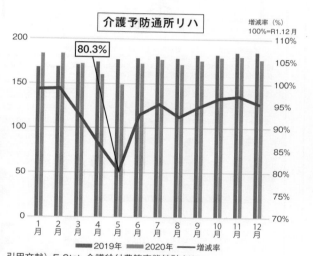

介護予防通所介護は、総合事業に移行している市区町村もあり、介護給付等実態統計にデータ集計無し

引用文献）E Stat. 介護給付費等実態統計より

図7　コロナ禍における介護サービス別受給者数（要支援：通所系サービス）

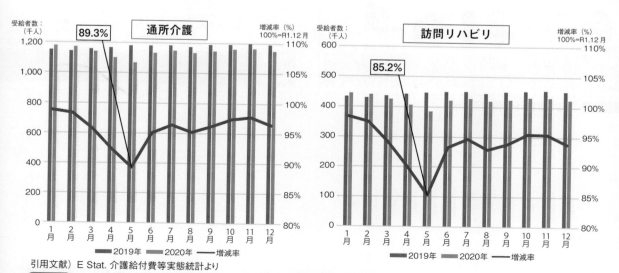

引用文献）E Stat. 介護給付費等実態統計より

図8　コロナ禍における介護サービス別受給者数（要介護者：通所系サービス）

サービスの減少率は少なく、リハビリテーションサービスで減少率が多かったことからコロナ禍において、訪問看護や通所介護サービスは必要不可欠と判断された可能性が推察される。今後は、どの介護予防・介護サービスであっても感染予防に努め、その情報を発信することで、利用者様が安心して利用できる体制作りを行うことが必要である。一つの手段として、当社で利用者に配付した資料を示す（図9）。コロナ禍で不活動となりやすいため、運動の一例と当社での感染予防対策も説明したリーフレットを作成し、配付した。COVID-19感染症の特性上、感染リスクをゼロにすることは困難であるが、リスクを最大限減らす努力を行い、それを利用者や家族、ケアマネジャーに示すことが重要であると考えている。

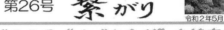

図9 利用者向け情報発信の例

6 今後の課題

本邦では、COVID-19ワクチンの接種が徐々に軌道に乗り、令和3年6月末時点で全人口の23.3%が1回目を接種し、12.0%が2回目接種を終了している[9]。また、重症化のリスクの高い高齢者の接種率は、1回目62.0%、2回目28.2%である。集団免疫を獲得するであろうとされているCOVID-19ワクチン接種率7割にはまだ及ばないが、COVID-19ワクチン接種が進む他国では、徐々にこれまでの生活に戻りつつある国もみられている。一方で、COVID-19ワクチン接種が進んでいない国やワクチンの効果が及ばないCOVID-19変異株の存在も報告されており、まだまだ余談を許さない状況であることは周知の事実である。

今後の課題として、「ワクチン忌避」がある。ワクチン忌避とは、「予防接種を受けられるにもかかわらず、受けることを躊躇する、あるいは拒否すること」である。COVID-19ワクチン接種希望について一般市民2956人を対象に調査した研究[10]によると、2021年1月時点で調査した結果、COVID-19ワクチン接種を希望すると答えたものは、62.1%（男性68.0%、女性56.4%）であった。また、年代別では、20〜49歳で54.5%、50〜64歳で63.6%、65歳以上で74.5%であった（図10）。このことから、若年層での接種希望割合が低いことがわかる。また、接種の判断に影響を与える要因として、「ワクチンの効果があると思っていること」、「自分が予防接種を受けることで他者を守るという思いがあること」の2点が重要であるとされている。

若年女性で接種希望が低いことは、COVID-19ワクチン接種をすることで「不妊になる」「流産する」といった誤情報が流れたこ

とも一因であると推察される。こちらは厚生労働省[11]や米国疾病対策センター（CDC）が否定している。また、COVID-19ワクチン接種することで精子の減少も噂されたが、こちらも研究報告[12]にて否定されている。

COVID-19ワクチン接種を希望しない理由として「副反応が怖い」が最も多いとされている[13]。日本感染症学会ではCOVID-19ワクチンに関する提言[14]をまとめ、局所反応の他に、16〜55歳において、倦怠感（1回目：38.5%〜47%、2回目：59.4〜67.6%）、38度以上の熱発（1回目：0.9〜4%、2回目：16〜17.4%）などの副反応があると報告している。しかし、COVID-19に罹患してしまった場合の後遺症もさまざま報告されており、これらの副反応はあるものの、COVID-19ワクチンを接種するメリットの方が上回るといわれている。是非こちらも高いリテラシーをもって、誤った情報で判断を間違わないことを願う。

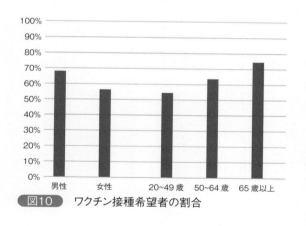

図10 ワクチン接種希望者の割合

7 おわりに

本項では、COVID-19における情報収集と情報発信について述べてきた。但し、COVID-19の特性上、変異を繰り返すことにより、これまで当たり前であった感染予防対策が意味を成さないときが来るかも知れない。そういったときにも正しい情報を収集し、利用者等に医療職として正しい情報を発信することを心掛けていただきたい。

引用文献

1) 厚生労働省ホームページ. 新型コロナウイルス感染症について. (https://www.mhlw.go.jp/stf/seisakunitsuite/bunya/0000164708_00001.html)
2) 光武誠吾, 柴田愛, 石井香織・他：eヘルスリテラシーの概念整理と関連研究の動向. 日健教誌. 2012, 20 (3)：221-232.
3) 楠見孝：科学リテラシーとリスクリテラシー. 日本リスク研究学会誌 23 (1)：29-36 (2013)
4) 楠見孝, 上市秀雄, 吉川肇子 (編)：人は健康リスクをどのようにみているか. 健康リスクコミュニケーションの手引き. ナカニシヤ出版. 2009, pp96-115.
5) 日本理学療法士協会. 新型コロナウイルス感染症の感染拡大に伴う理学療法臨床現場への影響調査〜臨床業務〜. オンラインアンケート調査報告書.
6) 第一生命経済研究所ホームページ. 新型コロナウイルスによる生活と意識の変化に関する調査(前編). (https://www.dlri.co.jp/report/ld/2020/news2004_01.html)
7) 第一生命経済研究所ホームページ. 新型コロナの情報はどこから得ているのか？-新型コロナウイルス意識調査より-. (https://www.dlri.co.jp/report/ld/2020/wt2004g.html)
8) e-Stat政府統計の総合窓口. 介護給付費等実態統計. (https://www.e-stat.go.jp/stat-search/files?page=1&toukei=00450049&tstat=000001123535)
9) NHKホームページ. 新型コロナウイルス特設サイト. (https://www3.nhk.or.jp/news/special/coronavirus/vaccine/) (令和3年7月2日閲覧)
10) Machida M, Nakamura I, et al.: Acceptance of a COVID-19 Vaccine in Japan during the COVID-19 Pandemic. Vaccines (Basel). 2021. 9 (3)：210.
11) 厚生労働省ホームページ. 新型コロナワクチンQ％A. (https://www.cov19-vaccine.mhlw.go.jp/qa/0027.html)
12) Gonzalez DC, Daniel E Nassau, et al.: Sperm Parameters Before and After COVID-19 mRNA Vaccination. JAMA 2021 Jun 17. doi: 10.1001/jama.2121.9976. Online ahead of print.
13) leading-tech.jp. コロナワクチンに関する意識調査. (https://leading-tech.jp/wiseloan/covid-19-vaccine/)
14) 日本感染症学会ホームページ. COVID-19ワクチンに関する提言 (第3版). (https://www.kansensho.or.jp/modules/guidelines/index.php?content_id=43

＼即断即決に役立つ！／

生活期・訪問リハに従事する療法士必携のハンドブック

生活期リハ 訪問リハ で役立つ！
［フィジカル アセスメント］
リスク管理 ハンドブック

状況に応じては「待ったなし」とされる生活期リハ・訪問リハの「リスク管理」。「バイタルサイン」「問診」「視診」「聴診」「触診」ごとに、あらゆる症状をフローチャート付きでわかりやすく解説いたしました。「実際にフローチャートに沿って対応することができた」とのお声も頂いております。
即断即決に役立つ、療法士必携のハンドブックです。

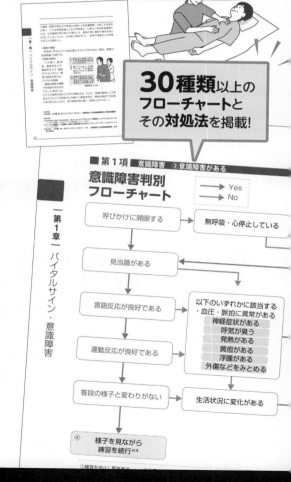

30種類以上の
フローチャートと
その**対処法**を掲載！

あらゆる症状を
フローチャートで
手早く確認!!

持ち運びに
便利な
B6サイズ・
270ページ

臨床や実習で!
看護師・
学生の方にも
好評です!

生活期リハ・訪問リハで役立つ
フィジカルアセスメント
リスク管理ハンドブック

編集者：大越 満、鈴木 修、
三村 健、宮田 昌司、山口 勝也
第2版 2017年6月30日発行
定価 3,080円（本体 2,800円）
B6判 全264ページ
ISBN:978-4-905241-91-1

お申し込み
お問合わせ
https://www.tomoa.co.jp/

株式会社ともあ 検索

〒460-0007 愛知県名古屋市中区新栄3丁目8－7 シャロウェルプリモ 603号
TEL:052-325-6618 FAX:050-3606-5916 e-mail:publisher@tomoa.co.jp

これからの訪問リハ職として行えること

医療法人尚和会 宝塚リハビリテーション病院
理学療法士

於勢 寛之

1 はじめに

COVID-19の流行は、地域住民のみならず、地域社会そのものに多大な影響をもたらした。私たちに今、そしてこれから何を行えるのか、さまざまな事例や、筆者の属する自治会の取り組みを紹介していきたい。

2 COVID-19は地域住民・社会にどのような影響をもたらしたのか

COVID-19の流行の中で、感染予防のために、3つの密（密閉・密集・密接）を避ける、ソーシャルディスタンスを保つ、といった「新しい生活様式」が提唱された。感染拡大の抑制には寄与するが、心理社会的不安を引き起こしてしまい、身体活動や社会的交流を制限することとなる。その制限が生活不活発につながり、さまざまな二次障害の報告が挙げられている。

1. 身体活動時間の減少

山田らの報告ではCOVID-19第1波の前後で、高齢者の1週間あたりの身体活動時間は約60分（約3割）も減少していた、と述べている[1]。その後の追跡調査でも波の合間では活動時間が回復するものの、感染拡大期間中では再び活動時間が減少していた。

2. サルコペニアの進行

飯島は、活動自粛生活前後で、高齢者の41.2％の外出頻度が低下し、22.4％にサルコペニアの進行が示唆された、と報告している[2]。

3. 社会的交流・通いの場の減少

訪問リハ職が関わることのある地域リハビリテーション活動支援事業も中止・延期となり、対面事業はほぼ中止となっている。近年、身体活動のみならず社会的交流の場としても重要視されている住民主体の通いの場やサロンについても、各地域でのきなみ活動中止と

なった。私が居住する宝塚市においても一時期ほぼ全ての通いの場が活動を休止することとなった。

3 「3密」から「3密2活」へ 私たちが行えること

COVID-19の感染拡大によって、地域住民、特に高齢者の生活不活発が懸念される状況となった。山田らは、感染予防と介護予防の両立のために、「3密2活」を提唱している。2活とは身体活動と社会活動のことであり、感染予防対策を適切に遂行しながらも、これらの活動を継続することが重要である。訪問リハ職はこの「3密」と「2活」の双方の知識と経験を有する職であり、目の前の個人のみならず、地域活動においても非常に活躍が期待される。このCOVID-19のパンデミックの中で、訪問リハ職に求められていることは、

①生活不活発によって低下した能力や喪失した役割を再び取り戻すための介入を行うこと
②適切な情報提供や十分な解説を行うこと
③将来起こるかもしれない同様の危機に対する課題に対するノウハウを蓄積すること

であると筆者は考える。

また、各地域の実情地域資源等によって取り組める内容も変わってくる。対象となる人が変わるだけでもそのままそっくりその取り組みを適用する事は難しいであろう。そのため、さまざまな事例をそのまま適用するのではなく、その人、その地域に合った取り組みを実施する必要がある。

取り組みを実施するに当たり、①対利用者個人（療法士個人の取り組み）②対事業所の利用者全体（事業所レベルで行う取り組み）③対地域住民、地域団体（複数の事業所や行政、各種団体と連携した取り組み）など、対象範囲やどのような人を巻き込んだらよいのかを考える必要がある。特に、対地域住民、対集団においては、各自治体との連携が重要である。行政側も地域課題を解決するにはどのようなことを行えばよいのか、専門職の提案を求めている。事業所単位のみならず、市町村の各士会やPOS連絡会などの各種団体レベルでの活動が必要である。平時から連携体制や顔の見える関係が構築されていると、火急の時にアクションを起こしやすい。

1. 生活不活発によって低下した能力や喪失した役割を再び取り戻すための介入

通所系サービスの利用控えや外出控えから、日常生活での課題が増えて、訪問リハビリが利用開始となったりするケースもある。しかし、訪問リハビリテーション職が普段から行っている介入だけでは如何ともしがたい、意欲の低下や、受け皿の不足などが課題となった。

2. 利用者への動機付け

パンデミックの終息はまだ見えていないが、2021年4月よりワクチン接種が開始となり、状況は変化の兆しを見せている。筆者の利用者の中には、1年以上友人との接触を断ち閉じこもっていた利用者が、ワクチンを接種したことで友人との対面交流を再開した。友人に歩いて会いに行くためには、日々自宅廊下を何十回と往復をして運動に取り組んでいた。恐らく、「運動しないと体力が落ちますよ」だけでは、運動の継続は難しかったであろう。筆者は、利用者とは「もしも話」をよく話をする。「もしも、コロナが落ち着いたら何がしたいですか？」「そのためには、何をしましょうか」といった具合である。日々のちょっと

した会話から、生活課題を抽出し、目標の設定と解決方法の提案は訪問リハビリ職が常に行っていることである。

3. 情報提供について

COVID-19の流行で、感染対策やワクチン、公衆衛生、などを学び直す機会になった人も多いと思う。ただやみくもに情報を提供するのではなく、目的を明確にして、何を伝えるのか、どうやって伝えるのか、また情報をただ渡すだけではなく、十分な解説を付け加えることが重要であり、その人をその環境に合わせた対応など解説をかみ砕いて伝えることも必要である。

そのためには、情報を提供する側が正しい知識を身に着けておく必要がある。未知なる感染症とは言っても、さまざまな情報の更新の速度は速く、新鮮な情報を捕まえるためにアンテナを張り巡らす必要がある。その発信された情報を必要とする人に届けるのは現場の訪問リハ職の役目であろう。真偽定かでない情報も発信されていることから、情報に対するリテラシーも必要である。

また、口頭で伝えて終わりではなく、資料やリーフレットなどを用いて後から振り返ってもらえる気遣いも重要である。リーフレット等を自前で作成しようとすると時間を取られることになりやすいが、公的機関や各種団体が発行している資料を使用することで業務負担を抑えることができる。

4. スマートフォンやICTの活用

昨今の高齢者はスマートフォンやタブレットを扱う方も多くなり、訪問先でスマートフォンの操作方法を尋ねられた経験がある訪問リハ職は多いことであろう。筆者は利用者の身体活動を簡便に把握するために、利用者にス

マートフォンの歩数計の使用を推奨している。ただ、それだけでは「2活」とはなりえないが、身体活動に加えて社会活動を両立するためのスマートフォンやICTを活用した事例を紹介する。

国立長寿医療研究センターの「オンライン通いの場」アプリでは、運動や活動を自己管理する機能があり、運動動画の閲覧や身体活動の記録が可能である。

山田らによる「Web版つどいの広場」の取り組みでは、介護・フレイル予防の動画配信を行い、参加者の質問を共有するなど個ではなく集団としての意識づけが可能である。

Zoomなどのビデオチャットアプリを利用した地域住民による通いの場運営や交流会の開催も行われている。

また、ビデオチャットシステムを用いた遠隔リハビリテーション指導や、専用アプリのリリースなどの取り組みがみられる。遠隔リハビリテーションそのものについては、保険適応ではない、エビデンスの蓄積は途上、といった課題はあるものの、その有用性は示唆されている[3]。

我々もICT化に対応するための素地を醸成しておく必要があるが、ICT化すれば傘は大きくなるが、傘に入りきらずに雨に濡れてしまう人もいるであろう。アナログな手法もまだまだ現役であろう。ただ、引き出しの数は多いほうがより多くの人にリーチできる。

5. 社会的交流の活動

地域住民主体の通いの場などの、訪問リハビリテーションを卒業した後の受け皿が減少しているため、卒業したとしても2活に至ることができないケースも生じている。

6. 宝塚市の通いの場再開に向けた 取り組みと課題

兵庫県宝塚市内には2020年2月時点で137のグループが活動を行っていたが、COVID-19の感染拡大を受け、行政より活動自粛が呼びかけられ、3月中には3グループ、4月には1グループのみの活動となった。

2020年6月末時点では、137グループ中約半数の63グループが活動を再開した。2021年4月時点では活動が確認されているのは81グループである。活動休止の理由は、会場使用が困難、換気が不十分、感染症予防が困難、である。多くのグループでは再開と休止を繰り返しており、開催場所を屋外に移したグループもあった。

再開にあたっては、活動再開をサポートするために、行政職員や地域包括支援センターなどの職員が再開当日に現場に出向いた。しかしながら、活動を継続していく中での課題は山積しており、収容人数や換気が不十分といった理由で施設利用が困難となり、活動場所の変更を余儀なくされるグループもあった。再開や活動継続にあたり、住民からの声では、適切な助言者・情報が必要である、という声が多くあった。また、休止期間中に世話人が引退し、活動を廃止したグループもあった。グループが一人のオピニオンリーダーに依存している場合はこういったケースがCOVID-19以前からも見られる。そのため、日ごろから第2リーダーを養成し、持続可能な活動体制を構築しておく必要がある。

COVID-19感染拡大前は、宝塚市内のいきいき100歳体操グループには地域リハビリテーション活動支援事業の一環として、市内の医療機関や訪問看護ステーションなどから療法士が、各グループの活動に出向き、助言や提案などを行い、課題などを行政職と共に検討する、という取り組みを行っていた。感染状況が落ち着いてきたため事業の再開も検討されていたが、2021年7月末現在、感染状況の悪化に伴い再開は未定である。

7. 当事業所の訪問現場以外での取り組み

当事業所は宝塚市2020年3月には系列の医療機関でクラスターが発生し、周囲の感染状況が悪化したことから、訪問リハビリテーションは半月間休止となり、併設の通所リハビリテーションは2ヵ月間休止となった。また、同年11月には当院入院部門で患者22名、利用者11名、合計33名のクラスターが発生し、感染予防のため訪問・通所リハビリテーションが半月間休止となった。休止期間中の利用者や再開後の利用自粛者、地域への対応を紹介する。

1. 休止期間中や利用自粛者向けの対応

休止期間中の利用者や利用自粛者に対して、定期的に電話やソーシャルディスタンスを保った自宅訪問で生活状況のモニタリングや、自主トレーニングの指導、体操や感染対策のチラシの配布を行った。院内でクラスターが発生した時には、利用者から自ら感染しているのではないかという不安が強くあり、訪問リハ担当職員の健康状態や院内の感染状況なども合わせて定期的に情報提供を行った。

併設の通所リハビリテーションも利用者に対して、ほぼ同様の対応と、通所リハビリテーション内で使用している体操動画をDVDに収めて、利用者や配布した。また、病院周辺の自治会から要望がありDVDを無償提供した。利用者からは、いつも行っていた運動を自宅でも行えた、見知った顔があったので続けられた、などの声が聞かれた。

2. 体操動画作成と自治体への無償提供

　活動不活発を予防するために上記の取り組みを行っていたが、利用自粛している利用者から、少しずつ体力が低下している、といった声が聞かれるようになった。そのため、更なる取り組みとして訪問リハ担当の療法士をモデルにした体操動画を作成した。YouTubeに掲載し、利用者に案内した。見知った顔、見知った制服が登場する映像は、不安感を和らげてくれた、との声もあった。しかし、利用者の内、視聴したのは全体の1割程度であり、多くの利用者をカバーするには至っていない。

　全国的に、各自治体や各種団体がいきいき100歳体操やご当地体操の動画を作成し、ホームページやYouTubeへ掲載している事例が多数ある。しかしながら、宝塚市にはそういった動画が存在していなかったため、著作権を放棄し宝塚市に無償提供した。提供に当たっては、映像内で事業所名に言及しないなど、自治体が柔軟に使用しやすいように配慮を行った。提供した動画は宝塚市のホームページやSNSで紹介され、ローカルテレビでも定期放映が行われた。利用自粛者の中には、放映された映像を録画して毎日再生して運動を行っていた方もおられた。

　動画撮影や編集、アップロードはスマートフォンで手軽に行えることから、ご当地体操だけではなく、各事業所オリジナルの体操動画作成などの、検討の余地があるのではないだろうか（図1、図2）。

4 一地域住民として行えること

　筆者は兵庫県宝塚市内の医療機関にて訪問リハビリテーションに従事する傍ら、宝塚市内の一自治会の防災兼街づくり協議会担当の副会長を務めている。自治会役員の中では最年少であり、他の役員は非医療従事者である。自治会の役員としてこのCOVID-19の流行で、筆者の住まう地域、そしてそこに住まう住民はどのような状況となり、どうやって脱しようとしたのか。また、療法士が自治会の活動に関わることの意義を紹介する。

1. 自治会活動に関わっている理由

　昨今、全国的にも自治会の加入率が低下傾向にあり、地域活動の担い手は後継者不足が課題となっている。そんな中、私が自治会に加入し、役員となった理由の一つは、訪問リハビリテーションで療法士として個別に関わること、そして医療機関の職員として公に関わることに限界を感じ始めたからである。一療法士として地域活動に関わるより、一住民として「お互いさまだから」と言い合える地域の醸成に寄与したいと思ったからである。

図1　屋外での体操風景

図2　作成した体操動画

自宅でできる運動
入門編

2. 自治会ってどんなことをしているの?

　当自治会は閑静な住宅地で加入世帯はおおよそ300世帯である。

　地域によって呼び名は異なるが、自治会は町内会・隣保も呼ばれることもある。身近な住民団体であり、代表的な「互助」組織である。しかしながら、何を目的とした組織なのか、自治会加入しているとどういったメリットがあるのか分からない、といった意見もある。活動内容は多岐に渡るが、具体的には

　①住民への地域情報の提供（掲示板・回覧板・メールなど）

　②地域の防災に関する事項（避難所の運営、危険個所の把握など）

　③季節ごとのイベント（祭りなど）の企画・運営

　④民生委員・行政等との連携による地域福祉の向上（高齢者の見守り、要援護者の把握、情報共有など）

　⑤子ども会・老人会・体操教室（いきいき100歳体操）の運営

　⑥自治会館の運営

などが挙げられる。

　私は、主に防災関係の職務を担当しているが、老人会などの活動にも参画している。

3. COVID-19の流行と自治会活動

　2020年1月に本邦最初の感染者が確認されて以降クルーズ船や屋形船、ライブハウスでのクラスター発生など全国的に感染が拡大していった。

　COVID-19に罹患すると、高齢者や基礎疾患を有する者はより重症化しやすい、との情報もあり、高齢者が多い自治会関係者では、明日は我が身という危機感が強く、感染対策について早い段階から情報を求めていた。そこで、厚生労働省の啓発チラシを回覧するなどして、自治

図3　自治会会報に掲載した感染対策の情報

会員へ基本的な感染予防対策や不要不急の外出を控えるよう情報提供を行った（図3）。また、筆者宛に感染対策について質問があったりもした（例、ゴルフ場で注意すべき点は？疑わしい症状がある時はどうしたらよいのか？）。

　3月上旬には宝塚市が位置する兵庫県南東部阪神地域に第1波が到来し、近隣市の福祉施設や市内の医療機関やクラスターが発生し、地域での感染状況は急激に悪化した。

　顔と顔の見える距離で人が集う従来型の自治会活動と、いまだ解明されていない感染症への対策の両立を図るのは困難であると判断し、一旦全ての自治会活動は休止となり、予定していた花見や子ども会などのイベントは中止となり、自治会館を閉鎖した。未知なる感染症への

不安・恐怖は地域住民を覆いつくし、ご近所同士の交流もなくなり、閑静な住宅街がさらに静寂に包まれた。外出することすら憚られていた。

緊急事態宣言発令中の自治会活動は、高齢者・要援護者の見守りといった最低限の活動に終始し、互助組織としての役割を十分に果たせない状態となった。その一方で、これを機に直接顔が見えない状態での自治会役員活動が稼働にのり、LINEでの討議が増えてきた。

感染者数が徐々に落ち着き、緊急事態宣言解除が視野に入ってくると、自治会活動再開に向けた検討が始まった。自治会の活動に当たっては、どのような形態であれば再開が可能なのか、行政からの指導は行われなかった。自治会はあくまでも住民自治の組織だからである。また、全国的にみても各自治会実情や各地域の感染状況が異なるため、統一した基準を設定することができない。そのため、活動再開に当たっては自分たちで情報を集め、自己判断しなければならなかった。近隣の自治会などの横の関係性から情報を得たり、行政の指針や各種団体のガイドラインなどを参考に判断を行った。

緊急事態宣言が解除となり、自治会活動の中で、定例会や防災見学ツアー、体操教室、自治会館の利用などは感染対策を講じて再開したものの、飲食を伴うなどしてマスクを外す機会が多い夏祭り、秋祭り、餅つき大会などのイベントは継続して中止とした。

地域も自粛生活から新しい生活様式に則りながら日常が戻り、ご近所同士の交流も戻ってきた。その後も、感染状況の悪化を受けて、自治会活動は部分的に休止となったり再開を繰り返したが、感染対策と社会活動の両立を図っている。屋外での子ども会の活動や3密対策を施した上での対面活動を継続している。

4. COVID-19ワクチン接種時の混乱を機にSNSの運用を開始

65歳以上の高齢者に対するCOVID-19のワクチン接種が開始となったが、全国各地の例に漏れず宝塚市も混乱が生じ、予約しにくい状況が続いた。住民の中には、情報を得る手段が限られて予約手続きが不明となっている方もおり、そのため、ワクチン接種の予約開始や、予約可能な医療機関の情報提供などを戸別訪問などで行っていた。また、予約の代行なども行った。しかし、情報が届かずにお困りな方の把握漏れや、タイムリーな情報発信が行えずに接種予約ができなかったりするケースもあった。

その反省を受け、自治会の公式LINEアカウントを作成し、災害時や緊急要件を自治会員に配信したり、ご近所で気づいたことなどを自治会員から役員に送信できるような試みを開始した。

ただ全ての自治会員が使用できる環境にあるとは限らず、ガラケーしか持っていない、携帯電話すらもっていない、休みの日に自治会からの連絡を受け取りたくないから登録したくない、という意見もあった。そのため、完全ICT化では置き去りになってしまう人も出てくるため、従来の回覧板・掲示板により情報提供も継続することとなった。

65歳以上のワクチン接種予約には導入が間に合わなかったが、64歳以下のワクチン接種の情報発信を現在行っているところである（図4）。

5. 避難所運営

当自治会を含む近隣地区は水害・土砂災害の危険性が高い地域でもある。当自治会では届出避難所である自治会館を保有しており、また、最寄りの小学校は宝塚市の数少ない指定避難所となっている。筆者は小学校区の地区防災委員会の事務局に自治会代表として参画している。

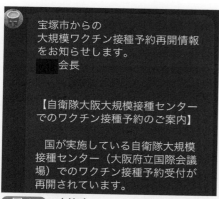

図4　自治会SNSを利用した情報提供

図5　避難所運営マニュアル改訂の会議

その活動の中で、感染症対策を講じた避難所運営マニュアルの改訂を進めている（図5）。自然災害が多発する中での急がなければならない課題である。

6. COVID-19の流行の中で、自治会に属する医療従事者に求められたこと

COVID-19の流行下での自治会活動の判断と、課題解決に向けて、3密と2活、その両方に関する知識や経験を有している訪問リハ職は重宝がられた。私がCOVID-19の流行下において自治会活動で関わっていることは、

①COVID-19の情報提供

②自治会館の感染予防対策の提案

③運動・体操・ウォーキング、フレイルの予防に関する情報提供

④避難所運営についての提案・活動（小学校区防災委員会への参加）

である。

自治会活動は原則無償ボランティアであり、プライベートが若干制限されることは間違いない。筆者は自治会活動に携わる中で、多くの熱意ある地域の人達と出会い、活動を共にしている。地域の中に入り込む療法士はまだまだ少ないと思われるが、これからも高齢化が進む地域

では、訪問リハ職としての見地は非常に有用であるように思う。一療法士そして一地域住民として、地域課題の解決に向けて、自治会活動に参加してみてはどうだろうか。

5 おわりに

COVID-19の流行から1年以上が経過し、各地域の地域活動と感染対策の両立を図りながら活動を継続している取り組みが多数報告されている。訪問リハ職は「3密2活」、感染予防と身体活動・社会活動の全てに関われる存在である。個々の人や集団、地域の実情に合わせてさまざまな取り組みを個々の人や集団、地域の実情に合わせて目の前の人や地域の課題解決に向けて取り組んでゆきましょう。

引用文献

1）Sakurai, R., Yasunaga, M., Nishi, et al. Co-existence of social isolation and homebound status increase the risk of all-cause mortality. International Psychogeriatrics,（2019）. 31（5），703-711.

2）飯島勝矢、COVID-119流行の影響と対策：「コロナフレイルへの警鐘」,日老医師 2021；58：228-234)

3）Telerehabilitation services for stroke　Kate E Laver, Zoe Adey‐Wakeling, Maria Crotty, et al、Cochrane Database of Systematic Reviews、John Wiley and Sons、Jan 31, 2020

特別インタビュー 🎤

就労を見据えた
リハビリテーション

実務につながる
就労支援を求めて

復職に向けた就労支援において、さまざまな取り組みがあります、今回は、実際に想定される職場の要素をリハに取り入れている方にZoomにてインタビューしました。（編集）

当事者紹介

Nさん　40代男性

疾患名　：　出血性脳動静脈奇形、失語症
家族構成：　妻とこどもの3人暮らし
前職　　：　看護師

X年 6月末	左脳内出血、緊急入院
	脳動静脈奇形と診断
X年 7月末	1回目の塞栓術を施行
	塞栓術が非常に難しく、術中脳梗塞を合併
X年 9月末	2回の塞栓術を施行
	2回目の塞栓術での麻痺はなし
X年 10月末	予定通り3回目の塞栓術、その2日後に開頭手術
	開頭術後のダメージが大きかったため、急性期病棟でのリハ期間を経て、回復期リハ病棟へ転棟
X年+1年 5月	退院
	退院後すぐに訪問リハ (ST) と通所リハ開始

塞栓術と開頭手術

——リハを受けるようになったきっかけを教えて下さい。

[Nさんの妻]　夫は、出血性脳動静脈奇形からの脳出血を起こし急遽入院となりました。病院では、脳内の出血が落ち着くまで様子をみながら1ヵ月後に塞栓術を実施する方針が立てられ、塞栓術を3回に分けて実施、その後、開頭して奇形の部分を取り除く手術することになっていました。

　入院直後は、少し動きにくい状態でしたが身体の方はそこまで麻痺が出ておらず、言葉には少し影響が出ていましたので、少しずつリハビリを開始しました。

——塞栓術や開頭手術はどのような状況だったのでしょうか。

（Nさんの妻）塞栓術から開頭の手術が終るまでに4ヵ月を要しましたが、1回目の塞栓術の時に脳梗塞を合併してしまいました。術前に医師からは脳梗塞が起こる可能性があるとは言われており「塞栓術は出血の流れを止める手術なので、血管が詰まってしまうと脳梗塞を起こしてしまう可能性が数％ですが、あります」と聞いてはいました。それが実際に起こってしまったんです。

脳梗塞の後遺症で右に強い麻痺と失語症が残り、その後のリハビリがとても大変でした。リハビリが落ち着いて回復してから2回目・3回目の塞栓術を行い、その後すぐに開頭手術をして、血管の奇形を取り除いていただきました。

——起きるかもしれないと言われていた脳梗塞が起こってしまったんですね。

（Nさんの妻）そうですね。起こらなかったかもしれませんが、血管奇形の場所が脳の奥深いところにあり、その部分を塞栓させるのに難しい技術が必要だったということでした。そこで脳梗塞を起こしてしまったんです。本人もショックだったと思います。

——その時のNさんのご様子、ご家族のご様子も教えていただけますか？

（Nさんの妻）忘れもしませんが、1回目の塞栓術後に本人の病室に行った際、夫が**右手が上がらない**という動作をしたんです。左手で右手を持って、上がらないというのを私達に伝えました。その様子を見た夫の母も私も、ものすごくびっくりしましたし、“どうしよう!!”ともうそんな感じでした。本人も“感覚がない、

動かせないからどうしよう”とびっくりしていましたが、失語症もありましたので、それを伝えるのも難しい状況でした。

家族としては“これはどうなるんだろう？”“リハビリは？この先、良くなるの？”“先生に早くお話を聞きたい”とすごく不安でした。

——Nさんは1回目の塞栓術後のことを覚えていますか？

（Nさん）うっすら、覚えていますね。（その時は）「もう、あかんわ」と思いました。

（Nさんの妻）当時、私は妊娠中だったんです。それも心配で不安な要素でした。無事に出産に向かっていかないといけないという思いと精神的に私も落ち込んでいくのはお腹の赤ちゃんにも良くないという思いで、私はどうにかプラスの方向に気持ちを持っていこうと必死でした。

——Nさん、当時のご家族に対するお気持ちを聞かせてもらえますか？

（Nさん）前向きにとりあえず前向きに、できることは頑張るしかないと思っていました。

（Nさんの妻）夫は赤ちゃんのことをとても心配していて、毎日のように言っていました。当時は（コロナ禍の）今とは状況が違い、毎日面会にも行けましたので、家族と会話するのもリハビリになるという思いと、私がリハビリの様子を見たいという気持ち、そしてそれに賛同してくれて、回復の為ならと全力でたくさんのことをしてくれた夫の両親とともにほぼ毎日面会に行きました。夫は私の体のことを気にしていたのと同時に、夫の両親にも「すごく申し訳ない」「自分が何もできないこ

とが悔しい」というのをよく言っていました。家族への思いが人一倍強い夫は、家族のために、今はリハビリを頑張らないといけないという気持ちだったと思います。

——脳梗塞を起こしてからリハの内容に変化はありましたか?

Nさんの妻 脳梗塞を起こしてからは、より本格的になりました。まずは少しずつ手を使う練習から始まり、車いすへ移乗の練習、もともと体幹がしっかりしていたので、杖をつかずに歩行の練習と順調に進みました。本人のすごい努力もあって、体の機能の方は徐々に良くなっていきましたが、言葉の方は言いたい言葉がなかなか出てこなくて、会話するのも難しい状態でした。

2ヵ月して、状態が落ち着いた頃に開頭手術をしましたが、術後2週間くらいはぼんやりしている日が続き、その間はとても怖かったです。脳梗塞を合併してから開頭手術まで、リハビリの日々でやっといいところまで回復してきていたのに開頭手術というもののダメージの大きさを改めて知ったというくらい、かなり状態は落ち、そこから這い上がるのにまた長いリハビリ期間を要しました。

とても難しい手術を素晴らしい技術で行ってくださった主治医、そして、関わっていただいたスタッフの方々、何よりリハビリのスタッフの皆さまには感謝の気持ちでいっぱいです。主人だけではなく家族の心のケアもしてくださいました。

就労に向けて　模索期

——現在は、就労に向けて取り組んでいらっしゃるとお聞きしておりますが、どのようなことから始められましたか?

Nさんの妻 子ども生まれたばかりでしたので、就労に向きたいという気持ちがあり、退院後は週に3回、言語の訪問リハに入っていただきました。本格的に就労支援に向けて考え始めたのは、就労支援のシステムの施設に通い始めた時期ですね。家にずっといるだけでは、家族との会話やSTさんが訪問に来てくれるときだけの会話になってしまいますから、もう少し就労に向けて何かできることはないかとSTさんに相談すると、就労支援というシステムがあることを教えていただきました。そこで、市がやっている就労支援の施設に週3回少しずつ通いはじめました。

——就労支援の施設ではどのような取り組みがありましたか?

Nさんの妻 そうですね。まずは他者とコミュニケーションを取るという目的で通いましたが、その人に向いている仕事は何かを施設の人が模索してくださり、パックに何かを詰める作業やPCの入力作業などしていました。

夫の場合は、体よりも言葉に不安がありましたので、取り組みはやはり作業が中心でした。結局は言葉が難しいということが仕事をする上では厳しいと感じ、考えれば考えるほど、このままでは仕事ができないと感じてしまい、"では何ができるんだろう、手作業しか無理なのだろうか"ととても悩みました。

就労支援の施設に通っていても、実際に働ける場所が決まっていたわけではありませんし、

将来が漠然としていて見えてこなかったんです。夫も私ももちろん頑張ろうという気持ちはありましたが、どこに向かって頑張っていけば良いのかわからずにいました。

転機

——就労に向けて、現在のような意識に変わったのには、なにかきっかけはあったのですか？

（Nさんの妻）当時、担当してくださったSTさんが、私達と就労支援の施設のスタッフさんとの間を取り持ってくださり、どうしていけばいいのか色々と手助けしていただきました。ちょうどその頃、永未さんが言語の訪問リハに来てくださって、ご相談させていただくと「就労という方向を見据えた上で、まずは通所利用というかたちはいかがですか？」とお話をいただきました。そこから実践的な就労支援をしてくださっています。

——通所ではどのようなことをされていたのですか？

（Nさんの妻）まずは、その場所に慣れるために利用者の立場から見せていただき、他の利用者さんやスタッフの方と会話をしたり、リハビリをしました。

徐々に、利用者さん同士の関わりの中から、見た数字を書き写すなど、就労に向けて夫ができることを具体的にご提案いただけたので、お手伝いをしながら現在は進んでいます。やるべきことがわかってきましたので、それ

まで漠然としていた就労の道筋が見えてきました。

今できること、与えてもらっていることを"これはできる範囲だから、これを頑張っていこう"という気持ちが持てました。それによって少しずつですが不安が減り、不安の要素も変わってきました。

——復職に向けて、実践に合うような再経験を積める環境ですね。

（Nさんの妻）そうですね。だからそうしていただけることは私も心強かったです。もともと夫は看護師をしていましたので、看護師として戻れるのかということも考えていましたが、言葉が難しく、以前、病棟でやっていた看護業務を思い起こすと「やはり、今は絶対できない」と本人は言っていました。それならば看護師として今までの経験を活かした何かができないかという思いを抱えながら過ごしていましたので、本人がしたいと思っていることに結びつけられるご提案をいただけたことは家族としてもとても希望が見えましたし、そんな話をいただけるんだと感激しました。

——実際に働くことが見えてきた時の気持ちを教えて下さい。

Nさん 見てるものは一緒ですが、今までとは、ガラッと感じが変わりました。いい方向の変わり方だと思います。

——看護師としての感覚が戻ることはありますか?

Nさん 徐々に徐々にですけど、思い出してきました。ぜんぜんまだまだ忘れていることばっかりで、情けないですけどね。

——Nさんが仕事について真摯に向き合っていらっしゃると感じます。

——永末先生、復職を希望される利用者さんにとって実践的なリハは以前から取り組まれていたのでしょうか?

ST 永末 もともとそういった取り組みはありませんでした。訪問でお会いして、失語症という診断名はついていましたが、会話は十分成立しますし「"病院での即戦力"として戻る」ということがハードルとして高いとするなら

ば、まずうちの会社でやっているような介護という業態で『人に対しての支援』というところから始めるのはどうですか」と提案させていただきました。お薬の名前や医学名などそういう難しいことをたくさん頭に詰めた状態で戻らなければいけないというのではなく、まずは「人に関わる」ところから始め、実際に利用者さんとして雰囲気を見てもらうところからスタートしました。その時点ではどのくらいで実際にお仕事につながるかどうかというのは、大きくは考えていませんでした。

ところが通所に来られてからは、ご自身でどんどんできることを見つけて、他の利用者さんと助け合い、お手伝いし合うことを自然にふるまっていらっしゃったので、それであれば、役割として、例えば、来られた方に気づいたら体温を測っていただいたりなど、身につけていただけることが増えていきましたので、これは本当に具体的に仕事につながるなと思いました。

ご自身は「ちょっとやっぱり自信がないかな」「ちょっとまだまだ不安がいっぱいだな」と仰るんですが、もともと相当優秀な方だっ

たのでもとに戻るとなると、やはりハードルがかなり高くなります。病院で仕事をすることを最終的なゴールにするのであれば、まずは、介護プラスアルファの業務をしながら、ゴールを目指してみませんかと、どんどん引き込んでいきました。就労支援のプランが先行ではなく、Nさんが来られてから私達スタッフも少しずつ作り上げていったというかたちです。

今では、少しだけ先行してプランの目処を立てていけるところになりました。そろそろスタッフとして、正式にお願いできるまでに近づいているなと思っています。

メッセージ

──同じような思いをもつ方やリハ職の方へのメッセージをお願いします。

Nさん 今後、力を入れていきたい目標を地道に頑張っていきます。不安でいっぱいですけど、本当に不安で不安でいっぱいですけど、きっと良いことが世界が待っていますので、絶対に負けないように行けたら良いなと思います。

Nさんの妻 やはり同じ病気、同じような状況の方は、とても情報がほしいと思います。

私もすごく模索しましたし、当時、いろいろなことを調べました。夫が発症後入院して、手術やいろいろなことを乗り越えないといけないという状況でしたが、この先どうなるのか、どのようなリハビリが必要なのか、保険制度のことや復職までの道のりなど、情報が全くなかったので、同じように頑張っている方がどのような道のりで進まれたのか前例があれば、知りたいと思っていました。

今回このような機会をいただきましたので、同じような思いを持つ方に私達の情報を役立てていただけたらと思っています。また逆に、リハビリ職の方にもこういう例があるというのを知っていただき、リハビリを受ける側の人たちは本当に情報がほしいという気持ちがあることを伝えたいです。

現在もまだまだ回復途上にあり、特に言葉に関しては「10あれば1しか話せていない」「頭には浮かんでいるが言葉にしようとすると出ない」というストレス、辛い思いをしています。それでも今は、社会復帰に向けて少しずつ希望が見えてきたことに喜びを感じています。

関わっていただいた方々との出会い、ご縁を大切に、感謝をしながら前に進んでいけたらと思っています。

──貴重なお話、ありがとうございました。

災害等緊急事態のトラブルと対応・対策について

医療法人堀尾会　熊本託麻台リハビリテーション病院
地域づくりセンター センター長 作業療法士

内田 正剛

1. はじめに

梅雨が終わりに近づく6月下旬から7月上旬にかけ本稿を書いている。この時期は、前線が停滞し、豪雨や長雨による崖崩れや土石流、地滑りの土砂災害、低地の浸水・洪水が起きやすいと言われている。今年も7月3日に大規模な土石流が起き、この時期の豪雨災害は、2017年の九州北部豪雨から5年連続となった。今後、梅雨明けからは、台風シーズンとなるが「100年に一度級の○○が迫っております」や「命を守る行動を……」などの報道が少ないことを願うばかりである。今回、トラブル解決法の「災害編」であるが、ご存じの通り、災害対応に明確な解決策や方程式はない。ただ、平時からの備えが重要であり、その備えの有無によって被害状況に大きな差が生じている。筆者は、熊本に住む地域性から毎年梅雨時期の大雨や台風への対策経験はあったが、熊本地震は、予測も備えもなく被災し戸惑った経験をした。この経験から災害時の緊急事態における対応・対策について私見を含め整理する。少しでも皆様の災害対応の参考となれば幸いである。

2. まずは、災害対応の意識チェックから

災害対応の具体的内容に入る前に現時点での意識、知識をクイズ形式でチェックする。図1の7つの問いに解答可能であろうか。P307に解答例（図2）を示すので是非、自分の解答をもとに確認してほしい。他にも災害対応の書籍やサイト等は、数多く発信されているので平時から家族や職場内等での話題や知識情報として活用していただきたい。災害対応は、平時から防災、減災への意識をもって備えること、また発災時も「これくらい大丈夫だろう」と考える

Q1 非常用持ち出し袋は、どこに置いておくのがよい？
Q2 家族が離ればなれになった時のために準備しておくことは？
Q3 地震の揺れを感じたら、まず何をすべき？
Q4 地震が起きたとき、火を使っていたらどうすべき？
Q5 地震が収まってすぐにしてはいけない行動は？
Q6 集中豪雨のときに近づいてはいけない場所は？
Q7 竜巻から身を守るためにすべきことは？

図1 災害対策（防災対応）クイズ[1]

より、「次は、こんなことが起こるかもしれない」と考える意識が、何より重要とのことである。まずは、ご自身の意識チェックから始めていただきたい。

3. 災害対応とトラブル対応について

災害対策基本法において、災害とは暴風、竜巻、豪雨、豪雪、洪水、崖崩れ、土石流、高潮、地震、津波、噴火、地滑りその他の異常な自然現象または大規模な火事もしくは、爆発その他その及ぼす被害の程度においてこれらに類する政令で定める原因により生ずる被害をいう[2]。とされ、近年は頻発し多様化もしている。この災害対応には、前述したように明確な解決策もなければ、解決への方程式もあってはならない。ただ、今回の特集のように災害もトラブルとして考えれば、解決へのヒントは「トラブル解決法」として参考にできる。私見ではあるが、筆者の考える「トラブルの解決法」を図3に示す。簡単には、普段から備えとして「準備」を行っておけば、トラブルや緊急事態が発生した場合、その「情報」から「判断」し「対応」を行うことになる。例えば、職場の人間関係のトラブルに関しても事前に各職員の個性や特徴、業務遂

$$（準備）×（情報）＝判断 ⇒ 対応$$
（能力）　（能力）　（能力）　（能力）

準備	物事をする前にあらかじめ必要なものをそろえたり、態勢を整えたりして用意すること。
情報	①ある物事の内容や事情についてのお知らせ。インフォメーション。②文字、数字などの記号やシンボルの媒体によって伝達され、受け手に状況に対する知識や適切な判断を生じさせるもの。③生態系が働くための指令や信号。

図3 トラブルの解決法　デジタル大辞泉より

行上の傾向等を把握しておくことが「準備」となり、職員間で言い争いが起きたときの状況が「情報」として入り、追加で当事者双方からの事実確認や周囲の関係者から経緯を聴取した「情報」も収集・分析し、「判断」と「対応」を行うこととなる。事故や苦情対応も同様のプロセスが適応でき、リスクマネジメントとは、この「準備」「情報」「判断」「対応」それぞれの段階の能力を高めることが重要であり求められることである。「備える力」「情報収集力」から「的確な判断」とそれに「最善の対応をする力」である。以下、訪問リハビリテーション（以下、リハ）における利用者対応（個人）と事業所対応（組織）について整理する。

1. 利用者さんの災害対応（トラブル解決法）について（図4参照）

　共通の項目の「準備」「情報」「判断」「対応」が一般的な災害対応のプロセスと考える。大雨や台風と地震に関しては、特徴的な災害対応として記載しているので確認し、これをもとに大雪凍結など他の災害に関しても各自検討してほしい。私たち訪問療法士は、平時から利用者さん及びご家族の「準備」の項目への支援と「情報」の入手内容から「判断」できるような日常的な支援を心掛ける必要がある。特に「準備」に関する緊急連絡先の掲示や非常持ち出しバッグの用意等は、かかりつけ医や介護支援専門員等の他職種との連携協働で確保、準備されると考える。しかし、訪問療法士は、近隣の人的な協力体制の把握や地形や避難所までの移動手段等は、率先して確認しておく役割がある。これは、日常的な訪問業務において"活動"や"参加"を目標として実践する延長線上に地域への環境調整の働きかけや近隣との人間関係、交流づくりがあるからである。災害対応へ特別な「準備」とせずとも日々の訪問で近くの体育館等の避難所までの屋外歩行を行い、その体育館の出入り口やトイレの環境等を確認しておくこと、またそれを関係者と共有しておくことは、大切な「準備」になると考える。利用者さん（個人）の健康状態から心身機能、背景因子まで把握した「準備」を他職種連携にて行うことが大切である。

	準備（備えるべきこと）	情報（入手すべきこと）	判　断	対　応
共通	○防災マップの確認 ○緊急連絡先の掲示 ○停電への準備 ○非常持出しバッグの用意 ○備蓄の確保 ○家族同士の安否確認方法 ○特別警報等の確認と把握 ○近隣地域の地形の把握 ○近隣の協力体制等の把握	○本人の被害状況 ○家族、家屋の被害状況の把握 ○ライフラインの確認 ○家族全員の安否確認 ○特別警報等の情報	○避難のタイミング、避難手段、場所、携帯品、同行者、避難時の連絡。 ○避難時は、ブレーカーを落とし、ガスの元栓も閉める。	自身や家族の安全が確保できたら被害状況及び今後予測される被害について連絡できるように準備する。 例：食料や内服等の保持期間や身体痛等の避難後の身体状況など
大雨や台風	○避難場所とそこまでの移動手段を確認 ○ハザードマップの確認 ○家屋の補強対策 ○土嚢の準備 ○雨戸や窓ガラスに飛散防止	○台風の大きさと進路 ○台風のスピードと通過時間帯 ○土砂災害警戒情報 ○雨雲の動きや前線の状態からの雨量情報	○避難所だけでなく垂直避難も選択肢 ○避難時の靴や服装など ○豪雨、台風の通過時間帯の安全確保	
地震	○避難場所とそこまでの移動手段を確認 ○家具等の転倒防止対策 ○感震ブレーカーの設置 ○外出先では、避難口の確認	○震度及び震源地 ○津波の有無 ○家屋の被害状況 ○外出先の場合の帰宅経路	○自分自身の安全確保が第一優先 ○避難後は、直ぐに自宅に戻ったりしない	

■図4　利用者さんへの災害対応として例示

2. 訪問リハ事業所の災害対応（トラブル解決法）について（図5参照）

訪問リハ事業所も同様に共通の項目を「準備」「情報」「判断」「対応」と確認してほしい。事業所は、複数の職員の安否確認から営業の可否、利用者さんの安否確認が求められるが、やはり重要なのは平時からの「準備」である。まずは、災害時の自主行動基準（例えば、震度5弱以上では、役職者と職場から3km以内に居住職員は職場に集合する。他の職員は、安否を自ら各所属長に連絡する。など）の周知が重要である。平時からの「準備」としての防災グッズも有事の「情報」入手ツールとして情報アプリも増えているが、最も必要なのは、集団（組織）としての意識づけとルールの周知である。事業所は、まず営業の可否や行うべき利用者の安比確認ができる体制に、迅速に移行できる自主行動基準

の周知から指示系統、連絡体制を準備しておくことが第一である。よって、発災時を想定した自主行動基準と職員の安比確認、本部設置後の指示系統の確立までの定期訓練やシミュレーションを実施しておくことが重要である。可能であれば、日時を指定した定期訓練から臨時の連絡手段の確認訓練など、段階を追った意識づけに取り組めると良いと考える。次に利用者さんの安否確認は、事前のトリアージに沿って行うことが必要である。医療依存度の高さや独居、高齢者世帯など利用者さんごとの状況や停電含めライフライン、家屋、地形の状態などの環境的な要素からのリスクも含め優先を決め、安否確認を他職種と連携し行う必要がある。状況、状態によっては、改めて入院や避難の援助、協力を行うことも必要である。

	準備（備えるべきこと）	情報（入手すべきこと）	判断	対応
共通	○災害時の自主行動基準の周知 ○職員の指示系統と連絡手段の確保・確認 ○定期訓練や連絡シミュレーション ○自治体の防災情報メールを受信登録 ○防災及びハザードマップの確認と共有 ○全利用者さんの連絡先一覧表作成（Dr、CM、Fa、優先トリアージ） 　消防や電力会社との情報共有、連携 ○業務用携帯の充電確認 ○訪問車の点検、ガソリンの補充	○被害状況（地域、規模、道路状況など）の把握 ○職員及び同居家族の被害状況 ○事業所の被害状況やライフラインの確認 ○特別警報等の情報	○営業及び訪問の可否 ○避難（入院等）援助、協力 ○利用者の安否確認（電話及び訪問） ○他事業所と連携し、安否確認・訪問時間の変更、調整	○職員間の連絡手段の確保 ○職員の安全を確保し、事前トリアージに沿って利用者の安比確認へ ○二次的被害の防止へ
大雨や台風	【運転ルートと時間に関して】 ○ハザードマップ上で増水等が予測される河川敷や橋上、また崖や土砂崩れの恐れのあるような危険な場所は走行ルートから外す。 ○強風で看板や街路樹が路上に飛んでくることやハンドルを取られることも想定され走行は時間に余裕をもって。	○台風の大きさと進路 ○台風のスピードと通過時間帯 ○土砂災害警戒情報 ○雨雲の動きや前線の状態からの雨量情報	○訪問し、防風対策や地震による家屋被害の確認、調整 ○食料や飲料、内服等の備蓄状況の確認、調整	○営業及び訪問時間の連絡、調整 ○吹き返しに注意しながら安否確認へ
地震	【運転中に揺れを感じたら】 ○大きな揺れや緊急地震速報が入った場合は、慌ててスピードを落とさず、ハザードランプを点灯しゆっくり道路左側へ停車する。エンジンを止め揺れが収まるまで車内で待機し、収まったらドアロックせずキーはつけたまま車外に出て安全な場所へ避難すること。	○震度及び震源地 ○津波の有無 ○家屋の被害状況 ○外出先の場合の帰宅経路		○余震にて緊急避難の想定もしながら利用者さんの安比確認へ

図5 訪問リハビリテーション事業所の災害対応としての例示

4.「準備」から「判断」「対応」の　兼ね合いについて

　これまで訪問リハの利用者さんや事業所について平時からの「準備」の重要さを示した。ここでは、「準備」と「判断」「対応」の兼ね合いを熊本地震の経験をもとに説明する。まず個人として熊本地震時は、筆者も近くの体育館へ避難した。今思えば、「準備」もできておらず、避難所の場所もわからず、タイミングも遅れたので体育館の中央しか空いてなく、地震「情報」も曖昧なまま、車で避難所へ移動した。「ただ80代の両親を安全な場所へ移した方が、良いのでは？」との「判断」からの「対応」であったが、備蓄・携行品等の用意もできておらず、恥ずかしい限りである。自宅は倒壊しなかったが、ライフラインが止まったので避難の「判断」は間違いではなかったが「準備」と「対応」がお粗末であった。

　次に事業所であるが、これまでも大雨や台風等あれば、自主行動基準（職員からの安否の連絡、報告）が習慣化できていたこともあり、携帯電話等の通信困難な状況はあったが、無料通話アプリ等の活用で職員の安否確認と指示系統の確立は早期に行えた。よって営業の「判断」や被害の少ない職員を中心に利用者さんの安否確認を行う「対応」を開始できた。また事前「準備」としての利用者トリアージ資料から「判断」し、居宅介護支援事業所と連携して電話及び訪問等で「対応」を行った。発災後の初動としては、概ね「準備」ができていたので「判断」「対応」もスムーズに行えたが、振り返り改善している点もある。それは、安否確認で電話や訪問対応した際に他のサービス事業所や医療機関と確認が重なることが多々あり、非効率に思えた点である。その後より、各事業所のトリアージをサービス担当者会議等で共有することを提案し、安否確認を効率的に行うことで、支援が必要な場合の「判断」「対応」も迅速にできるように体制を準備協議している。

　これは、地域における「準備」として情報共有を進めたが、利用者対応だけではなく、避難所の共有部分や道路事情など環境面の課題の解消も平時から地域の「準備」として働きかけしていくことも事業所の役割となる。そのことで有事の「対応」に影響を与え、二次的被害の防止に繋がることも自治体等と共有しておくことが重要である。このように「準備」し災害という「情報」入手から「判断」「対応」を行うことになるが、個人も組織も「判断」と「対応」を振り返り、次の「準備」に活かしていくこと、このサイクルがそれぞれの能力の向上に繋がるものと考える。

5.　おわりに

　2021年（令和3年度）介護報酬改定がなされた。改定の5本柱の最初に「感染症や災害への対応力の強化」が上がり、日頃からの備えと業務継続に向けた取り組みの推進として、全サービス事業所にBCP（事業継続計画）の作成が義務付けられた[3]。今後、日々刻々と更新される情報ツールの入手や家族、事業所、地域集団など各集団レベルでの準備を進めてほしい。ただ、前述した今年7月の土石流災害は、基準値を超え違法となる盛り土を行っていたという人災の可能性があるようだ。当該、管理会社にはこれまでも不適切行為等で行政指導が行われていたようであるが、そのような事実は、入手できず「準備」もできないのは言うまでもない。被災された皆様に心よりお見舞い申し上

げるとともに、皆様の安全と、被災地の一刻も早い復旧・復興を心よりお祈り申し上げる。

引用文献・情報
1）東京都 東京防災.東京都総務局総合防災部防災管理課. 2017.p.12-173
2）内閣府:ホームページ内 災害対策基本法 https://elaws. e-gov.go.jp/document?lawid=336AC0000000223（2021 年7月6日参照）
3）厚生労働省:ホームページ内 令和3年度介護報酬改定 https://www.mhlw.go.jp/stf/seisakunitsuite/ bunya/0000188411_00034.html （2021年7月10日参照）

参考情報
○内閣官房内閣広報室 ホームページ内 災害に対するご家庭での備え～これだけは準備しておこう!～ https://www. kantei.go.jp/jp/headline/bousai/sonae.html（2021年7月 10日参照）
○内閣府:TEAM防災ジャパン ホームページ内 くまモン 特別講座! くまでもわかる!?「地震への備え」 https://bosaijapan.jp/shiryou/kumamon_fwvga_ Type-1.mp4（2021年7月11日参照）

図1：災害対策（防災対応）クイズ
答え

> **A1** 非常用持ち出し袋の中身は、各自にとって必要なものを考え、準備することが重要。それらをリュックなどに入れ、玄関近くや寝室、車の中、物置などに配置しておけば、家が倒壊しても持ち出すことが出来る。

> **A2** 日頃から家族会議をしておく。発災時の出火防止や出口の確保など、家族の役割分担を決めておく。また外出中に帰宅困難になったり、登下校中、離ればなれになったりしたときの安否確認の方法や集合場所も決めておく。さらに避難場所や避難経路、電気のブレーカーやガスの元栓の位置、操作方法の確認も共有しておく。

> **A3** 最優先で自分の命を守る行動をする。家具類が転倒して下敷きになったり窓ガラスの破片などの落下物が頭を直撃すると、負傷したり命を落とす場合もある。まわりの様子を見ながら、すぐに物が「落ちてこない・倒れてこない・移動しない」場所に移動すること。

> **A4** 火を使っているときは、揺れが収まってから慌てずに火の始末をする。出火したら、落ち着いて初期消火に当たる。

> **A5** ①ガスに引火して爆発する危険があるので火をつけない。②火災の危険があるので、ブレーカーを上げて通電させない。③電話回線がパンクするので、発災直後に不要不急の電話の使用を控える。④ケガする危険があるので、救出作業はひとりではなく複数で行う。⑤緊急車両の通行の妨げになるので、避難に車は使わない。など

> **A6** 身を守る行動として①河川や用水路に近づかない。②地面より低い道は通らない。③地下、半地下から避難する。④冠水している道路は危険。など

> **A7** ①屋内にいたら雨戸、カーテンを閉め、窓から離れて頑丈なテーブルの下で竜巻の通過を待つ。②屋外にいたら頑丈な建物の中や地下施設に移動する。

図2 災害対策（防災対応）クイズの解答例[1]

連載
第4回
（全6回）

他サービスの制度を踏まえて
セラピストの入浴への関わる意味

有限会社わくわく　代表取締役
理学療法士 介護支援専門員　**中山 陽平**

リハコネ式! 訪問リハのためのルールブック
2020 年 8 月 15 日刊行　ISBN：978-4-905241-72-0
編著監修…杉浦良介　監著………大橋恵、喜多一馬、中山陽平、古谷直弘
発行：株式会社 gene

【第二版】のご案内　リハコネ式!
訪問リハのためのルールブック
2021 年 7 月 31 日刊行
ISBN：978-4-910393-49-0

2021 年
介護報酬
改定対応

1. はじめに

　2021 年 7 月 31 日に、株式会社ともあより第二版が発刊した「リハコネ式！訪問リハのためのルールブック〜訪問のお作法と知っておきたい他サービス・ステージの制度理解〜」[1]（以下、ルールブック）では他の介護保険サービスから訪問セラピストに求めることをそれぞれ紹介させていただいた。

　今回は 2021 年 4 月の介護保険改正に対応した第二版を出版させていただいたこと踏まえ、介護保険改正から介護保険事業に制度を通して求められていることと、実際にどのようなつながりをもたせて介入していくかという事例を紹介する。

2. 令和 3 年度介護保険改正

　私たちセラピストも、介護保険サービスを提供していくうえで、ご本人やご家族の希望を大切にするのはもちろんとして、サービス利用料のおよそ 9 割を出資している市区町村、都道府県、国の意向を読み解く必要がある。その意向が最も反映れるのが "加算" である。つまり、やってほしいことに予算を割くという単純な仕組みだ。令和 3 年度の介護保険改正では、ほとんどすべての介護保険サービスの加算に「科学的介護情報システム（Long-term care Information system For Evidence; LIFE ライフ）（以下、LIFE）」が紐付けされたことが一つの強いメッセージとして受け取ることができる。

　ルールブック[1] コラム P150-151 に記載されているとおりほとんどすべての介護保険サービスに適用された（**表 1 参照**）。

表1 LIFE の活用等が要件として含まれる加算一覧

	科学的介護推進加算（Ⅱ）	科学的介護推進加算（Ⅰ）	個別機能訓練加算（Ⅱ）	ADL維持等加算（Ⅱ）	ADL維持等加算（Ⅰ）	リハビリテーションマネジメント計画書情報加算	理学療法、作業療法及び言語聴覚療法に係る加算	褥瘡マネジメント加算（Ⅱ）	褥瘡マネジメント加算（Ⅰ）	褥瘡対策指導管理（Ⅱ）	排せつ支援加算（Ⅲ）	排せつ支援加算（Ⅱ）	排せつ支援加算（Ⅰ）	自立支援促進加算	かかりつけ医連携薬剤調整加算	薬剤管理指導	栄養マネジメント強化加算	口腔衛生管理加算（Ⅱ）
介護老人福祉施設	○	○	○						○								○	○
地域密着型介護老人福祉施設入所者生活介護	○	○	○						○								○	○
介護老人保健施設	○					○			○								○	○
介護医療院	○						○		○								○	○

	科学的介護推進加算	個別機能訓練加算（Ⅱ）	ADL維持等加算（Ⅱ）	ADL維持等加算（Ⅰ）	リハビリテーションマネジメント加算（B）	リハビリテーションマネジメント加算（A）	褥瘡マネジメント加算（Ⅱ）	褥瘡マネジメント加算（Ⅰ）	排せつ支援加算（Ⅲ）	排せつ支援加算（Ⅱ）	排せつ支援加算（Ⅰ）	栄養アセスメント加算	口腔機能向上加算（Ⅱ）
通所介護	○	○	○									○	○
地域密着型通所介護	○	○	○									○	○
認知症対応型通所介護（予防含む）	○	○	○（予防を除く）									○	○
特定施設入居者生活介護（予防含む）	○	○	○（予防を除く）										
地域密着型特定施設入居者生活介護	○	○	○										
認知症対応型共同生活介護（予防を含む）	○												
小規模多機能型居宅介護（予防含む）	○												
看護小規模多機能型居宅介護	○							○			○	○	○
通所リハビリテーション（予防含む）	○					○（予防を除く）						○	○
訪問リハビリテーション	○					○（予防を除く）							

厚生労働省.「科学的介護情報システム（LIFE）」の活用等について. https://www.mhlw.go.jp/content/12301000/000753746.pdf （アクセス日 2021.8.23）

　つまり、十分なアセスメント情報を収集したうえで、科学的に効果のある取り組みを求められている。実は、この LIFE の活用等が要件として含まれる加算一覧に含まれていないが同じ指針を示された通所サービスの加算がある。それが、通所リハ、通所介護の入浴介助加算である。これまで入浴介助加算（50単位）は単一であった。令和3年度の改正にて入浴介助加算は、入浴介助加算Ⅰ（40単位）Ⅱ（通所介護55単位）（通所リハ60単位）の2つに分かれた。入浴介助加算Ⅰは現行の入浴介助加算と同様だが、入浴介助加算Ⅱは自身または家族の介助、若しくは訪問介護の介助によって自宅での入浴することを目的としている[2]。

＜入浴介助加算（Ⅱ）＞の算定要件

○入浴介助を適切に行うことができる人員及び設備を有して行われる入浴介助であること。
○医師、理学療法士、作業療法士、介護福祉士、介護支援専門員等（以下、医師等）が利用者の居宅を訪問し、浴室での利用者の動作及び浴室の環境を評価していること。この際、利

用者の居宅の浴室が、利用者自身又は家族等の介助により入浴を行うことが難しい環境にある場合は、訪問した医師等が、介護支援専門員・福祉用具専門相談員と連携し、福祉用具の貸与・購入・住宅改修等の浴室の環境整備に係る助言を行うこと。

○ 利用者の居宅を訪問した医師等と連携の下で、利用者の身体の状況や訪問により把握した利用者の居宅の浴室の環境等を踏まえた個別の入浴計画を作成すること。

○ 入浴計画に基づき、個浴その他の利用者の居宅の状況に近い環境にて、入浴介助を行うこと。

算定要件に書かれている通り①専門職が環境評価し、②適切な浴室環境を整え、③個別の入浴計画を立て、④自宅の入浴環境に近い形で入浴介助を行うとされている。

Step ①
専門職による環境評価

▼

Step ②
適切な浴室環境を整える

▼

Step ③
入浴計画の立案

▼

Step ④
居宅に近い環境で実際に入浴介助

▽

自宅？

つまり、自宅での入浴にむけて通所介護や通所リハは訓練していく場所であるといっているのだ。さて、利用者さんが自宅入浴にむけて訓練をしていくとして、最終的に自宅で安全に入浴するために活躍できるのが訪問セラピストである。自宅での入浴を行うにあたって日常的に介護が必要な場合、訪問介護の力が欠かせない。ただ、訓練からADLにつなげるタイミングを、介護職単独でチャレンジするのは介護職の不安も大きいといわれる。

では実際に自宅での入浴を実現するにあたって、私たちにどんな支援ができ、どんな点に配慮することが必要か制度を含めた事例を紹介する。

3. 具体的事例

症例

Sさん
80代 / 女性 / 要介護3/
既往歴：皮膚筋炎、頚髄症
80代夫と二人暮らし

経過

これまで、夫の介助で入浴できていたが、本人の立位保持、移乗能力の低下に伴い入浴困難となり、リハの依頼を受け介入を開始した。本人は自宅外の入浴は拒否的で、自宅でも清拭の対応を続けていたが、ケアプランの中で「自宅で入浴できている」を目標設定とし訪問リハを開始した。2ヵ月間自宅での身体的な機能向上と、庭で花を見るなどの本人の好きなことと活動を紐付けるなどして自分から活動が増えるようにエンパワメントしていった。（ルールブック P121　訪問医師から訪問セラピストに求め

ること―自分から動き出す力を呼び起こす関わり―）その結果、ADL は移乗動作を見守りにて行える能力レベルになっていた。以前であれば、夫の介助にて入浴を再開するところだが、夫の体調もすぐれず介助は困難。訪問介護を使って入浴していくこととなる。

方針決定と具体的取り組み

最終的には自宅で訪問介護サービスを利用して入浴を目指すことが決まる。自宅での入浴が実現されるためには、本人の能力と介助者の介護技術が必要である。だが、実際に本人の移乗動作が自立し、以前と同じように動けるようになったからといってそれだけで合理的に目的を達成できない。リハによって"できることが増えた"利用者さんの介助量について、どこまでが適切で、どこからが過剰になるかを正確に引き継ぐまでが訪問セラピストの腕の見せ所と言えよう。腕の見せ所は制度の活用しどころでもある。訪問介護と訪問リハを併用し、チャレンジしよう。

ところで、同時間帯の介護保険サービス介入は原則不可能ということをご存じだろうか。そう、原則不可能なので、例外がある。その通達が以下となる。

通達の内容[3]

Ｑ．同一利用者が同一時間帯に訪問入浴介護と訪問介護を利用できるか。

Ａ．利用者は同一時間帯にひとつの訪問サービスを利用することを原則としている。ただし、例えば、<u>家庭の浴槽で全身入浴の介助をする場合など、訪問介護と訪問看護、又は訪問介護と訪問リハビリテーションを、同一利用者が同一時間帯に利用する場合は、利用者の心身の状況や介護の内容に</u>

<u>応じて、同一時間帯に利用することが介護のために必要があると認められる場合に限り、それぞれのサービスについてそれぞれの所定単位数が算定される</u>。訪問入浴介護は看護職員１人と介護職員２人の３人体制による入浴介助を基本とており、当該訪問入浴介護従業者とは別の訪問介護員等が同一時間帯に同一利用者に対して入浴その他の介助を行った場合には別に訪問介護費を算定できない。

この通達には２つポイントがある。

①同一時間帯にひとつの訪問サービスを
利用することを原則
②介護のために必要があると認められる
場合に限る

原則は同一時間に１つの訪問サービス

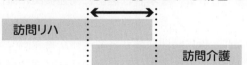

介護のために必要と認められる場合 OK

まず①についてだが、ケアマネジャーは原則に基づいてプランを計画しており、例外を前程としてないことを心得て相談を持ちかける必要がある。つまりこのような例外的取り扱いはサービス事業所が先に知る可能性が高い。②については、誰に認められることを言っているのかという点だ。基本的には保険者に確認するの

が優先されるだろう。可能であることがわかれ
ばケアマネジャーがケアプランに組み込む必要
がある。とくに介護請求ソフトでは同時時間に
訪問サービスを計画すると注意喚起のためにエ
ラー表示されるものがある。そういった点から
不可能だと認識するケアマネジャーもいるた
め、くれぐれも上記の通達を手渡すなどして丁
寧に説明することが重要だ。

4. 同時にサービス介入する意味

　同時に訪問サービスに介入する意味は大きく
分けて3つある。
①報酬を適正に得る
②支援チームとの信頼関係
③実際の入浴時の評価

①報酬を適正に得ることは、仕事の優先順位と
　してあとまわしにされるのを防ぐ。それは同
　時に利用者さんのサービスを受ける権利を守
　ることになる。このような仕組みを知らない
　場合は、どちらかのサービスが無償で行って
　いるケースが見受けられる。自分たちが無報
　酬で行うような場合は適切に関連機関に確認
　してサービスとして報酬を得られるようにし
　よう。仮に訪問介護サービス側が無報酬で実
　施しようとする場合も同様にサービス対価を
　得られるように支援するべきだ。また、事業
　保険の角度から考えた時、無報酬＝ボラン
　ティアとして判断された場合には事故対応に
　事業保険が適応できないリスクがあることを
　踏まえておこう。
②支援チームとの信頼関係については、リハで
　動けるようになったからと言って訪問介護で
　いきなり介護をするというのは不安が大きい

と心得よう。不安を抱える中でも、同時に一
つの場面をみながら訪問介護スタッフの疑問
や不安に寄り添うことは、支援チームとして
の関係性に必ず良い影響をあたえる。
③実際の入浴時の評価としては、浴槽内では
　浮力が働くことが訓練場面との大きな違い
　だ。その点ほかのADL動作よりもはるかに
　想像できない状況が起こりうる。また入浴
　は心肺機能への疲労も大きく、いざ動こう
　と思ったときに血圧の変化から動くことが
　できないことはたびたびおこる。温熱によ
　る疲労を確認しつつ、本人の最大に能力を
　発揮できる状況設定を評価がリスク管理の
　上でも重要となる。

5. おわりに

　介護保険改正の加算内容などから考えて、介
護保険利用者は、ますます自宅で自身のもてる
能力を十分に発揮して生活することが求められ
ている。私たち訪問セラピストは本人ご家族の
希望はもちろんのこと、国や都道府県、市区町
村の意向を十分に反映させたかかわりを持つこ
とを忘れないでおこう。

1)株式会社ともあ.リハコネ式！訪問リハのためのルール
　ブック【第二版】

引用文献
2)15.6.30　事務連絡　介護保険最新情報vol.153介護報酬に
　係るQ&A（vol.2）〔3〕

参考文献
1)指定居宅サービスに要する費用の額の算定に関する基準
　（訪問通所サービス、居宅療養管理指導及び福祉用具貸与
　に係る部分）及び指定居宅介護支援に要する費用の額の算
　定に関する基準の制定に伴う実施上の留意事項について
　（平成12年3月1日老企第36号）（抄）令和3年4月改定

2021年 7月31日 発売！

リハビリコネクト～訪問セラピストが繋がる場所

リハコネ式！

訪問リハ のための ルールブック

編著・監修：杉浦良介

監著：大橋恵、喜多一馬、中山陽平、古谷直弘

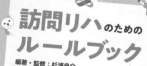

第二版

リハビリコネクト～訪問セラピストが繋がる場所 リハコネ式！ 第二版

訪問リハ のための ルールブック

編著・監修：杉浦良介
監著：大橋恵、喜多一馬、中山陽平、古谷直弘

2021年 介護報酬 改定対応！

訪問の お作法 と 知っておきたい他サービス・ステージの 制度理解

介護保険／医療保険／障害者総合支援法
公費負担制度／訪問リハ／訪問看護

株式会社ともあ

2021年介護報酬改定に対応!!

2020年8月に発行した第一版に、2021年介護報酬改定に伴う内容を新たに反映!
さらに、「通所リハビリテーション」に関する項目を第3章に追加いたしました。

第1章 訪問リハにおけるお作法

①事務所内のお作法　　③利用者さん宅のお作法
②他事業所連携のお作法　④その他のお作法

第2章 訪問セラピストが知っておくべき公的制度

【1】介護保険　　　　　【4】公費負担制度
【2】医療保険　　　　　【5】訪問リハビリテーション
【3】障害者総合支援法　【6】訪問看護

第3章 他サービス・ステージにおける役割と公的制度

【1】訪問診療　　　　　【7】福祉用具・住宅改修
【2】訪問看護　　　　　【8】居宅介護支援
【3】訪問介護　　　　　【9】地域包括支援センター
【4】通所介護　　　　　【10】急性期病棟
【5】療養通所介護　　　【11】回復期病棟
【6】通所リハビリテーション

第4章 他サービス・ステージと連携し奏功した事例

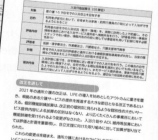

お申し込みはこちら
tomoa-books.jp

リハコネ式! **訪問リハのためのルールブック【第二版】** 編著・監修 杉浦 良介

本体価格 **3,300円**（本体3,000円＋税10%）

発行元：株式会社ともあ／A5判／214ページ／本文2色／ISBN 978-4-910393-49-0

株式会社ともあ

お申し込み
お問い合わせ **https://www.tomoa.co.jp/** 　株式会社ともあ　検索

〒460-0007　愛知県名古屋市中区新栄3丁目8－7 シャロウェルプリモ 603号
TEL:052-325-6618　FAX:050-3606-5916　e-mail:publisher@tomoa.co.jp

訪問リハスタッフのための
人間関係力

新人にとって安心安全な事業所づくりをしましょう！

オフィスJOC−Japan Okan Consultant− 代表 看護師
岡山ミサ子

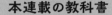

本連載の教科書

ケアする人をケアする本
医療スタッフのための人間関係力
著/岡山ミサ子

2020年5月12日刊行
ISBN 978-4-905241-88-1
体裁:A5判176ページ
販売価格:1900円+税
発行:株式会社gene
販売:株式会社ともあ

今回使用するワーク

Chapter1・2 安心・安全な職場にする（教科書P92）

Chapter3
ワーク12
「風ワーク」
（教科書P107）

Chapter4
ワーク13
「声かけワーク」
（教科書P113）

現在の訪問現場では、リハ技術だけではなく、人と人とのコミュニケーション能力がとても重要になっています。今回の連載企画では、医療職、介護職の人材育成に長年従事された岡山ミサ子先生に御執筆頂き、著書である「ケアする人をケアする本 医療スタッフのための人間関係力」から人間関係力を培うワークを抜き出し、スタッフ一人で悩みを抱え込ませないチーム作り、多職種との連携の方法を、若手育成に悩む中間管理職・事業所リーダーの方に向けてお伝えします。 ──編集

はじめに

　医療や介護現場での仕事はチームで情報を共有して、利用者さんやご家族の治療やケアを進めていきます。新人スタッフは知識や経験が不足しているので、先輩たちが支援をしないと利用者さんの安心・安全が守れません。しかし、新人の中には「先輩が怖くて言えない」「先輩が忙しそうだったからきけなかった」「きいたけど無視された」など相談できないで悩んでいる人もいます。先輩たちは、「どうして相談しないんだ」「言わないと利用者さんが困る」「事故になるじゃないか」などと、相談しない新人の問題にしています。新人が本音を言えて、相談しやすい職場環境にしましょう。

　新人にとって安心安全な事業所づくりのポイントを紹介します。

chapter1

心理的安全な職場にする

エイミー・C・エドモンドソンは「心理的安全性」[1] を下記のように述べています。

> 大まかに言えば「みんなが気兼ねなく意見を述べることができ、自分らしくいられる文化」のことだ。
> より具体的に言うなら、職場に心理的安全性があれば皆、恥ずかしい思いをするんじゃないか、仕返しされるんじゃないかといった不安なしに、懸念や間違いを話すことができる。考えを率直に述べても、恥をかくことも無視することも非難されることもないと確信している。わからないことがあれば質問できると承知しているし、たいてい同僚を信頼し尊重している。

心理的安全な職場は、否定したり、攻撃したり、無視したりしない、安心・安全な職場です。職場の雰囲気を良くして、一人ひとりがなんでも言える関係性をつくります。お互いを尊重しあい、助け合おうという雰囲気です。誰もがスッと間に入り、よい風になって職場の風通しをよくしていきます。

chapter2

不機嫌な職場と上機嫌な職場

1. 不機嫌は相手を傷つける

機嫌のよい職場は、離職率も低くなり、仕事の効率も上がると言われています。

自分の態度が周りにどんな影響を及ぼすか考える必要があります。「あの人の態度が怖い」「威圧的」「無視する」などの言葉がきかれます。そのほとんどが不機嫌な態度です。言葉ではなく、非言語的コミュニケーションです。大学生や新人ナース、若手リーダーの研修の時に、気になる言動がありました。「注意されると傷つく」「機嫌悪い人がいると嫌われていると思う」「嫌われたくないから笑って平気なふりをする」という言葉が返ってきました。つまり、事業所に新人が入ってきた時点で、自分とは違って新人は他人のことが気になり、傷つきやすくなっていると思って接してみましょう。

齋藤孝は「相手が不機嫌さに傷つく度合いが高くなっているぶん、不機嫌の罪が重くなってきている」と述べています[2]。

傷つきやすくなっている新人の場合、職場の先輩の不機嫌な態度にフリーズして、新人は反応できません。だから職場の先輩の不機嫌な態度は、罪が重いことになります。自分の態度を振り返ってみましょう。

2. なぜ不機嫌な態度になるのか

なぜ不機嫌になるのでしょうか。感情を言葉にすることができないためです。不機嫌な態度をすることで、言葉以外の表現で相手に伝えているのです。不機嫌な態度で相手を支配コントロールしたり、操作しているのです。

先輩が不機嫌な態度をすることは、「わかってよ！」「察しろ！」「近づくな！」「イライラする！」こんな思いや気持ちを言葉以外の方法で新人に伝えようとしているのです。これでは新人にはつたわりません。

新人もいれて先輩たちと「不機嫌な態度」「上機嫌な態度」をやってみましょう。みんなでどんな態度しているかチェックし合いましょう。

不機嫌な態度

姿勢 腕ぐみをする、足を組む、後ろを向く、ボールペンカチカチ音、机を叩く、物にあたるなど、威圧的・防衛的態度をする

表情 口角を下げる、目線を合わせない、睨む、無表情

言葉 「もー」「うざい」「やだ」「べつに」と否定的な言葉を発する

上機嫌な態度

姿勢 胸を広げる、相手の前に向くなどきく姿勢

表情 口角を上げる、笑顔、目を見て話す

言葉 「いいよ」「やったね」「よかった」「大丈夫」とポジティブな言葉を発する

---

chapter3

風になって反応する

職場でもイザコザの場面に出会うと「避けて通りたい」「なんとか波風が立たないように」と調整役になったり、対立を避けようとしてしまいます。それでは一向に職場の雰囲気はよくなりません。多様な人が一緒に働くということは、多少の波風のあるものです。安心・安全な場で、イザコザや波風のある人間関係の場面を設定したワークをして、自分の傾向を知りましょう。一人ひとりが職場の良い風になって影響を与えあいましょう。

---

1. 2人の間に風になって反応するワークをしてみよう（ワークノート12）

あなたの事業所で不機嫌な先輩とオロオロする新人、あなたは新人に声をかけますか？ 先輩に声をかけますか？ それとも二人の間に風を通すように反応しますか？

イザコザ場面

先輩ナースが忙しそうにバタバタ音を立てて仕事をしています。そこに、新人ナースがきて、先輩ナースに声をかけます。先輩ナースは不機嫌な態度で無視しています。新人ナースはオロオロして困った様子です。それを見ていたあなたは、そんな時どんな風になって声をかけますか？

先輩ナース　　　新人ナース

ワーク 12

実際にやってみよう！

♣ **風ワーク** ♣

先輩ナースと新人ナースの2人の間に風を通すように声をかけてみましょう。お互いの態度の裏にある背景・意図を尋ねてみます。問いをして相手の思いや気持ちを知ることで2人の誤解が解けてきます。

＜イザコザ場面＞
先輩ナースが忙しそうにバタバタ音を立てて仕事をしています。そこに、新人ナースがきて、先輩に声をかけます。先輩ナースは不機嫌な態度で無視しています。新人ナースはオロオロして困った様子です。それを見ていたあなたは、そんな時どのように声をかけますか？

1. 3名1チームで先輩役、新人役、声をかける役を決め、演じましょう。

● **先輩ナースの背景** ●
先輩ナースはなぜ不機嫌な態度をしているのでしょうか？
「忙しさ」が1つの要素になっています。仕事が複雑で時間がかかり、自分の力では仕事の処理が十分できないで焦っています。他に頼める人がいなくて、一人で抱え、負担がかかっています。仕事が忙しい事は新人ナースには言えない、タイミングが悪い時に声をかけてくるから、ついイライラをぶつけてしまいました。新人ナースが悪いわけではないので、申し訳ないと思っています。

● **新人ナースの背景** ●
新人ナースはなぜオロオロしているのでしょうか？
先輩ナースに「無視された」と思い込んでいることが要因になっています。新人ナースは失敗してしまったことで、言い出しにくい、情けない、どうしようと迷いがあります。患者に対する罪悪感と看護師として自信のなさが話せない要因の1つです。新人ナースは患者を待たせているので、焦っています。それでも先輩ナースに言えないので、患者と先輩の板挟みになっています。先輩ナースの態度を威圧的に反応されたと捉えて、その態度が怖くて、フリーズしている状態です。先輩ナースの態度を、自分が忙しい時に声をかけたからなのか、自分自身が自分のせいだと思い込んでいます。

2. あなた（声をかける役）はどのように声をかけますか？

_____

107

WORK12 風ワーク

自分の事業所に置き換えてワークのノートでやってみましょう！

あなた（声をかける役）はどのように声をかけますか？

_____

_____

2. 新人と先輩の間に風を通すよう反応する

つい、新人がかわいそうになって声をかける人が多いです。新人に依存させてしまいます。先輩に代わって支援することになります。そして新人の代弁者となって先輩に話すので、新人の成長を阻害してしまいます。これでは先輩との関係性も修復できません。

先輩に声をかける人は、正義感が強く先輩の不機嫌な態度を修正したいという思いで説得してしまいます。新人の代弁者になって先輩に話しかけています。先輩も理由や意味があって不機嫌になっています。

ここで、スタッフAさんが風になって反応している様子をみてみましょう。

スタッフA
- なになに——どうしたの？
- 大きな声が聞こえたからびっくりした
- 私でよければ何か手伝うよ
- どうしたの？

と二人の間に入り反応を確認する。

新人
先輩にききたいのですが……

スタッフA
だって

と先輩をみる

先輩
忙しくてそれどころじゃないんです

スタッフA
だって、どうする

と新人をみる

新人
でも患者さんが待っているので……

先輩
少しなら、話きけるけど

と不機嫌そうに話す

スタッフA
先輩何か手伝いましょうか

どちらが良い、悪いと審判するのではなく、私はあなたの味方ですよという態度で公平に間に入ります。どちらもその態度をしているには背景・意味があるのです。素直に尋ねてみないとわかりません。二人がいる場でそれぞれの考えや感情、事実が見えてくるように間に入って反応することが大事です。

ポイント
1

2人の仲裁に入るのではなく、第3者として風のように反応するだけです。2人に間に入り、フラットな立場で、事実や感じたことを言葉にして反応します。よい風になりましょう。

chapter4

声をかけあう職場にする

　職場で新人が悩んでいたらどんな風に声をかけていますか？　社会活動として行っている自殺防止の電話相談では「誰にもホンネを吐き出せない」「周りの人に心配かけたくない」そんな人から相談がたくさんきます。自分では気づけない人、相談できない人がいます。医療現場は過度の緊張でストレスが多い現場です。ましてや新人は、まだ職場でうまく人間関係をつくっていないのでなかなか自分から相談できません。悩んでいても自分ではおかしいと気づかない人もいます。気づいた人が声をかける「声をかけあう職場」にしましょう。

1. 悩んでいる人への声をかける方法
①場所をかえよう

　いつもの職場では緊張して話ができないので、環境をかえます。お互いがリラックスできて、安心・安全な場所を選びます。二人になれる場所で、会議室や二人掛けのソファーや食堂などで横並びに座ります。

　横並びは、顔が見えないので、一緒に居るけど向き合わないので話しやすくなります。いずれにしても、安心できる場所で話しましょう。

②最近どうしたの

　「最近どうしたの！」話すきっかけをつくる声かけです。その時に、観察しておやっと気づいたこと、普段とは違うな？　ちょっとおかしいぞ、こんな人ではなかったはず、など変化を感じ取ったら、声をかけて、話をききます。

　新人の様子を観察して、遅刻が多い、顔色が悪いなど、いつもと違う点に注意して声をかけ

ます。「挨拶しても返さない」「目も合わさない」「急に涙ぐむ」「声をかけても反応しない」など気になったら声かけます。

> 最近どうしたの、疲れているみたいだけど

> 最近どうしたの、イライラしているみたいだけど

　声のトーンは明るめです。もともとあまり人に心配かけたくない人の場合「どうしたんですか」と深刻に反応すると遠慮して話さなくなります。明るめの声でかけましょう。

③いつでもきくよ

　新人が話してくれなかった場合は、焦らないで、無理してこじ開けないようにします。そして「いつでもきくよ」と声をかけます。新人に関心を向けているというメッセージが届きます。いずれにしても味方がいる、見守る人が職場にいると感じられることが大事です。

2. 新人が気になり声をかけるワークをしてみよう（ワークノート13）

　ある日出勤したら同僚が「新人が一人で、更衣室で泣いていたよ」とききました。そういえば、近頃ミスが続いています。遅刻も数回ありました。苦手な患者さんのところにいくといつも口数が少ない、暗い表情をしていました。

　あなたならどのように声をかけますか？

ポイント

2

新人に声をかけることで、新人は気にかけてもらっている、関心をもってもらえたと思い相談するようになります。気が付いた人が声をかけあう職場にしていきましょう。

自分の事業所に置き換えてワークのノートでやってみましょう！

1 あなたならどの様に声をかけますか？
声をかける役（スタッフ）、悩んでいる役（新人）になって声をかけてみましょう。

「場所かえよう」

「最近どうしたの！」

「いつでもきくよ」

2 振り返り
悩んでいる役（新人）：声をかけられた時の気持ちや気づいたことを書きましょう。

声をかける役（スタッフ）：声をかけた時の気持ちや気づいたことを書きましょう。

3 お互いに気持ちや気づきを共有しましょう。

chapter5

職場の「場」を良い場にしよう

　職場はいろんな人が働いているので、いろんな人との出会いによって成長することができます。仕事の経験、情報を共有する場、人と人が交流する場でもあります。

　伊丹は、場のマネジメントの中で下記のように言っています[3]。

　職場を職と場に分けてみると、職場の「場」の問題が見えてくる。職（仕事）はあっても場がない職場が増えているのである。場とは人々が集い、情報を交換し合い、心理的に刺激し合う、その容れ物のようなものである。それは、人々が議論し、悩みを語り合い、知恵を集めるために大きな役割を果たす。あるいは、場の中で人々は心理的に支え合っている。だから、チームらしい協働が生まれる原点を場がつくっている。

　仕事ができても、職場の「場」が、不機嫌でギスギスしていたり、無視するような人がいるような場だったら、新人は安心して仕事をすることができません。職場をフラットな関係で本音が言える場、話し合える場、助けあえる場、得意なことを活かし合える場、そんな安心・安全な場にする必要があります。自分の事業所をどんな職場にしていきますか？

引用文献
1)エイミー・C・エドモンドソン著・野津智子訳村瀬俊朗解説.恐れのない組織「心理的安全性」が学習・イノベーション・成長をもたらす.英治出版.2021.14－15
2)斎藤孝.不機嫌は罪である、もはや不機嫌はゆるされない.角川新書.2018(31)内容:本音が言える場にする・支え、支えられる関係を作る 6. 心理的安全な職場を作る風になろう！
3)伊丹敬之.場のマネジメント.東京.東京経済新報社;2010(31)

人間関係力をオンラインでも学べます!! 株式会社gene リハノメ

現在配信中の動画
3. 患者（利用者）さんとの人間関係力（3）
〜対応の難しい患者（利用者）さんとの関わり〜
1. 医療スタッフのための人間関係力（1）〜私を知ってこそ変わる人間関係〜
2. 医療スタッフのための人間関係力（2）〜多職種との関係性〜

大好評発売中

ケアする人をケアする本
医療スタッフのための

人 間 関 係 力

臨床よりも、人間関係で
疲れ切ってしまったあなたへ

**「どうにもならない！もう無理」の前に、
こじれた人間関係は変えられる。**

援助職が働く医療現場は、医師、管理者、先輩、同僚、患者など360度
人間関係といわれ、臨床の悩みよりも人間関係に疲れ果て、離職しま
う人も多いと聞きます。担当の患者様・利用者様をケアするためには、
まずは疲れ切ってしまった自分自身のケアが必要です。
ケアする人（あなた）をケアし、働く職場を安心安全な「場」にする方法
をお伝えします。

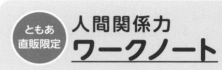

職場で使えるワーク用紙　16種類

- ワーク1.　理不尽な体験の振り返り
- ワーク2.　「生身の私」「仕事をしている私」
- ワーク3.　感情を言葉にする
- ワーク4.　感情探し
- ワーク5.　いのちのケア
- ワーク6.　人間関係の課題とセルフケア（自己チェック）
- ワーク7.　人間関係の課題とセルフケア（職場のスタッフチェック）
- ワーク8.　アイ（I）・メッセージで伝える
- ワーク9.　上機嫌・不機嫌
- ワーク10. チームで「場」を考える
- ワーク11. ゴミ箱・宝物探し
- ワーク12. 風
- ワーク13. 声かけ
- ワーク14. 自己理解・他者理解の
- ワーク15. 個々の強みを知る
- ワーク16. ロールプレイの

コピーして使える
ワーク用紙つき

**ともあ
直販限定** 人間関係力
ワークノート

本を見ながらすぐに使える！

実際に書き込んでもよし、コピーしてもよ
し。あなた自身のケアにご活用いただけま
したら幸いです。

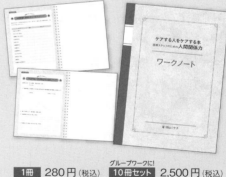

1冊	280円（税込）

グループワークに！
10冊セット	2,500円（税込）

ケアする人をケアする本
医療スタッフのための人間関係力

[著] 岡山ミサ子
看護師　オフィスJOC— Japan Okan Consultant —代表

本体価格 1,900円＋税	発行元:株式会社gene／A5判／176ページ／本文1色／ISBN 978-4-905241-88-1

📱お申し込みはこちら
tomoa-books.jp

お申し込み お問い合わせ	**https://www.tomoa.co.jp/**	株式会社ともあ	検索

〒460-0007　愛知県名古屋市中区新栄3丁目8-7 シャロウェルプリモ 603号
TEL：052-325-6618　FAX：050-3606-5916　e-mail:publisher@tomoa.co.jp

オールカラー
絵が豊富
パッと見てわかる！

在「宅」
Home-based
Rehabilitation
Guidebook

リハビリテーション
ガイドブック

医療、看護、介護職の皆さん、先ずは中身を御覧ください

阿部　勉 監修
NPO法人全国在宅リハビリテーションを考える会
理学療法士

大沼　剛 編集
リハビリ推進センター株式会社
理学療法士

導入・基礎編

在宅リハビリテーションガイドブック
【導入・基礎編】オールカラー／
B5判／232P／2021.3.22 発行
ISBN 978-4-9911959-0-7
定価 1,980 円+税

実践・応用編

在宅リハビリテーションガイドブック
【実践・応用編】オールカラー／
B5判／304P／2021.3.22 発行
ISBN 978-4-9911959-1-4
定価 2,980 円+税

豆知識でラクラク学習！
QRで動画にアクセス！

6 職種の知見が満載！

理学療法士　作業療法士　言語聴覚士
臨床心理士　管理栄養士　看護師

「導入・基礎編」「実践・応用編」
の2冊を通して、すべての職種が在宅で
のリハビリテーションに関わるうえで押
さえておきたい内容、ポイントを基礎か
ら応用まで丁寧にわかりやすく解説！

本書の特徴

1 基礎から応用まで
必要な知識と技術を基本的事項から発展的事項まで、
できるだけ専門用語を避け、図表を多く掲載（600個
以上）し、わかりやすい言葉で丁寧に解説。

2 現役専門職の執筆陣
全6職種による専門家たちが伝える、臨床現場で使える
実践的な内容。

3 学習支援
豆知識を250個以上掲示！ 学習しやすいように工夫。

基礎編
基礎・基本、
言葉の意味
など
体温調整

応用編
臨床、本番
（現場）で
必要な知識
など
廃用を防ぐ

発展編
知っていると
役に立つ知
識、応用につ
ながる知識
など
ライフコース

4 動画解説
ベッド上で行う基本的な筋力強化運
動の一部を動画で解説（全10種類）。
実践・応用編

足関節・背屈運動

QR
コードで
動画確認！

発行
株式会社 RELIEF
広島県広島市西区高須台2-6-8　TEL:082-236-6938

お申込はこちらから

リハビリ推進

隔月刊

訪問リハビリテーション
定期購読のご案内

お買い忘れることもなく、発売日にご自宅・勤務先などのご指定の場所へお届けする便利でお得な年間購読をご検討ください。

定期購読料[年6冊分]
12,000円(送料・消費税込)

定価:2,200円(本体2,000円＋税10%)
B5判
※到着予定日は配送地域により誤差があります

※定期購読のお取り扱いは弊社へのお申込のみのお取り扱いとなっております。

株式会社ともあウェブサイトまたは、FAXにてお申し込みください

※お電話でもお申込を承っております。 ☎ 052-325-6618

ご購読お申し込みアドレス

https://www.tomoa.co.jp/

携帯電話からも右記QRコードよりお申し込みいただけます。

※お申込み前にお客様携帯メールの受信設定のご確認をお願いいたします。

ご購読FAX申込用紙　　　**FAX番号➡: 050-3606-5916**

◆お名前のフリガナ、連絡先電話・FAX番号、ご住所のマンション・アパート名、部屋番号をお忘れなくご記入ください。
◆枠線内の該当する□に✓をつけてください。

定期購読を □新規 □継続	第11巻・第5号(通巻65号)～第12巻・第4号(通巻70号) 年6冊分を申し込みます
バックナンバーのお申込みは____に号数をご記入ください	第___巻___号～___号・第___巻___号～___号

お申し込み日：　　　年　　　月　　　日			□法人　　□個人	

	フリガナ 法人名 もしくは 個人名		部署名		担当者名	
お届け先	フリガナ ご住所	〒　　　－				
	E-MAIL					
	電話番号　　　－　　　－		FAX番号　　　－　　　－			

ご入金方法をお選びください	□銀 行 振 込　　ご入金名　□同上　□右記(　　　　　　　) ※同上と異なる場合はご記入ください
	□コンビニ支払 ※コンビニ払込票を送付いたします。(請求書付き)手数料330円　▶自動継続(コンビニ支払の方のみです)恐れ入りますが振込手数料330円はご負担ください　□希望する　・　□希望しない

※定期購読の皆様の個人情報は弊社のプライバシーポリシーに基づいて厳重に管理し、『訪問リハビリテーション』本誌及び定期購読に関連するご案内と発送業務に使用させていただきます。その他弊社書籍などのご案内をお送りすることがございます。

お申し込み内容確認後、メール等にて入金方法等のご案内を差し上げます。

お問合せ お申込み

株式会社ともあ「訪問リハビリテーション」編集部
〒460-0007　愛知県名古屋市中区新栄3丁目8－7 シャロウェルプリモ 603号
TEL:052-325-6618　FAX:050-3606-5916　e-mail:publisher@tomoa.co.jp

投稿規定

1.募集
「症例報告」
「実践報告」

2.掲載の採否について
①掲載の採否は編集部にて決定します。審査の結果、加筆・修正・削除などをお願いすることがございます。
②著者校正は1回とします
③掲載者には献本として、掲載号を1部お送りいたします。
④国内外を問わず、他誌および他媒体に発表されたもの、もしくは今後発表予定の投稿は固くお断りいたします。

3.執筆規定
①執筆にあたり、対象者あるいはご家族の了解を得てください。また、本文中に了解を得ている旨の一文を付記してください。
②横書き、現代仮名づかい、数字は算用数字とします。本文と図表は分けて作成してください。
③原稿とは別に、以下の事項を記入した点紙を1枚目に添付してください。
 a.投稿希望区分
 b.論文タイトル
 c.著者名(ふりがな)+肩書(理学療法士、作業療法士、言語聴覚士など)
 d.所属先
 e.連絡先(住所、TEL・FAX、メールアドレス)
④本文中において、固有名詞(Facebook、iPad、アイスノン、オセロなど)の表現は避けてください
⑤外国人名には原語を用い、タイプまたは活字体で明瞭に書くこと。国外の地名はカタカナ書きとします。専門用語の外国語表記は避けてできる限り訳語を用い、必要に応じて( )内に原語を入れてください。
⑥原稿は電子メールで下記アドレスにお送りください。図原稿および写真原稿の解像度が低い場合には作成し直していただくか、元の原稿またはそのコピーを郵送していただくことがございます。予めご了承いただけますよう、お願いいたします。

4.文献について
①引用文献は引用順に番号を付して配列、参考文献は筆頭筆者を五十音順に並べて本文とは別に掲げてください。
②本文中で投稿者自身(共著者含む)の文献を引用する場合には「著者(ら)」「われわれ」などの表記を避け、該当論文の執筆著者名を挙げてください。
③文献は規定原稿字数に含まれます。

5.原稿文量
①以下の各欄の原稿枚数については、図・表・写真などは1点を400字と数えてください。
②図・表・写真などをなるべく使用し、視覚的に見やすい原稿の作成をお願いいたします。
 <例>「症例報告」「実践報告」……原稿文字数:400字詰め原稿用紙=16枚程度

6.著作権について
本誌に掲載する著作物の複製権、上映権、公衆送信権、翻訳・翻案権・二次的著作物利用権、譲渡権などは株式会社ともあに譲渡されたものとします※著作者自身のこれらの権利を拘束するものではありませんが、再利用される場合には事前に弊社あてにご一報ください。

7.引用・転載の許諾について
他著作物からの引用・転載については、著作権保護のため、原出版社および原筆者の許諾が必要です。あらかじめ許諾を得てください。

8.原稿送付・お問い合わせ先
株式会社ともあ　隔月刊「訪問リハビリテーション」編集部
〒460-0007　愛知県名古屋市中区新栄3丁目8-7 シャロウェルプリモ 603号
TEL　052-325-6618　FAX　050-3606-5916　Mail　publisher@tomoa.co.jp
URL　https://www.tomoa.co.jp/

隔月刊
訪問リハビリテーション
Homecare Rehabilitation

第11巻
05

2021年12月15日発行
第11巻・第5号（通巻65号）

第二版

介護報酬改定に伴う
内容を新たに反映！

リハコネ式！
訪問リハ
のための
ルールブック
【第二版】

A5判
214P
2色判

セラピストの
指針となる1冊

実践に基づく
重症心身
障害児者
理学療法ハンドブック

B5判
250P
2色判

コミュニケーション
方法をご紹介

認知症
コーチング
私たちのフリー
スタイル・ケア

B5判
152P
2色判

ワーク
ショップ付き

ケアする人を
ケアする本
医療スタッフの
ための
人間関係力

A5判
176P
1色判

↓書籍の詳細は弊社ウェブサイトまで↓

株式会社ともあ 検索

https://www.tomoa.co.jp/

次号予告

特集

ACP（アドバンス
ケアプランニング 人生会議）を考える

　近年、高齢社会に進展に伴う多死や度重なる自然災害、有名人の他界、コロナ感染症による身近な死への恐怖等を通して、それぞれの人生の捉え方を見直す機会が増え、結果、生前整理やエンディングノート等の自分らしい人生の終え方について、前向きにとらえる社会意識が生まれてきています。その中で最も注目されているのが、ACP（アドバンスケアプランニング）です。自分がどのように病気や障害・老いをとらえ、どのように自分らしく生き、どのように自分らしく人生の最後を迎えたいか、本人を中心に家族や医療・介護関係者等で共有し進める在宅ケアの流れが注目されつつあります。
　この特集を通して、訪問療法士がACPへのよりよい参画を果たし、在宅ケアの一助となることを目指します。

巻頭言 在宅りはびり研究所 代表／理学療法士
吉良 健司

● **在宅医の立場からみたACPについて**
ACPの概要や在宅医からみたACPの実践と課題、訪問療法士に期待すること
南国中央病院／医師　宮本　寛

● **在宅看護師の立場からみたACPについて**
在宅看護師からみたACPの実践と課題、訪問療法士に期待すること
高知中央訪問看護ステーション／看護師　安岡 しずか

● **理学療法士の立場からみたACPについて**
在宅理学療法士からみたACPの実践と課題、訪問療法士に期待すること
マリオス小林内科クリニック／理学療法士　中田 隆文

● **言語聴覚士の立場からみたACPについて**
在宅言語聴覚士からみたACPの実践と課題、訪問療法士に期待すること
株式会社コンパス／言語聴覚士　永末　努

● **当事者家族からみたACPについて**
当事者家族からみたACPの実践と課題、訪問療法士に期待すること
在宅りはびり研究所 代表／理学療法士　吉良　健司

連載

■ **訪問リハトラブルと解決法特集**
⑤利用者・家族からのクレーム等によるトラブルと解決法について
さやまリハビリ訪問看護ステーション／理学療法士
高橋 正浩

■ **訪問リハスタッフのための人間関係**
⑤利用者さんを取り巻いた多職種との連携
オフィス JOC-Japan Okan Consultant-代表／看護師
岡山 ミサ子

■ **訪問リハのための制度の使い方〜応用編〜**
⑤訪問リハビリテーションで障害福祉制度を活用しよう
社会医療法人社団 三思会 東名厚木病院 診療協力部　リハビリテーション科／理学療法士
古谷 直弘

※特集タイトルは予告なく変更の可能性がございます。予めご了承ください。

●編集委員●

赤羽根 誠
医療法人秀友会／理学療法士

阿部 勉
リハビリ推進センター 株式会社
代表取締役／理学療法士・博士（健康
科学）

安倍 浩之
リリ・フィジオグループ
代表取締役／理学療法士

梅田 典宏
株式会社ジェネラス
理学療法士

永耒 努
株式会社コンパス
代表取締役／言語聴覚士

大浦 由紀
株式会社セラピット
代表取締役／作業療法士

大山 敦史
作業療法士

川辺 大樹
医療法人社団支心 ふたば診療所
ふわり訪問看護ステーション
理学療法士

吉良 健司
在宅りはびり研究所
代表／理学療法士

栗山 努
CR wellness（シーアールウェルネス）
マネジャー／理学療法士

桑山 浩明
社会医療法人中央会
介護老人保健施設 ローランド
訪問リハビリ／理学療法士

紅野 勉
医療法人池慶会 池端病院
地域包括ケア推進室
室長／作業療法士

古賀 阿沙子
八尾はあとふる病院
在宅リハ統括マネジャー／理学療法士

小山 樹
株式会社ジェネラス
代表取締役／理学療法士

清水 真弓
京都市域京都府地域リハビリテーション
支援センター
コーディネーター／理学療法士

日髙 正巳
兵庫医療大学リハビリテーション学部
理学療法学科 教授／理学療法士

松井 一人
株式会社ほっとリハビリシステムズ
代表取締役／理学療法士

（50音順、敬称略）

訪問リハビリテーション　第11巻・第4号

2021年10月15日発行（隔偶数月1回15日発行）
定価：2,000円
年間定期購読料（6冊分）：12,000円（配送料・消費税込）

編　　　集：株式会社ともあ
代　表　者：直江久美
発　行　所：〒460-0007　愛知県名古屋市中区新栄3丁目8－7 シャロウェルプリモ603号
T　E　L：052-325-6618
メ　ー　ル：publisher@tomoa.co.jp
W　e　b：https://www.tomoa.co.jp/
印刷・製本：株式会社シナノパブリッシングプレス

○本書に掲載する著作物の複製権・上映権・譲渡権・公衆送信器（送信可能化権を含む）は
　株式会社ともあが保有しています。
○本書の無断複写は著作権法上での例外を除き禁じられています。

株式会社 **ともあ** 臨床・実務に役立つ1冊をご紹介します！

書籍のご案内

重症心身障害児者ファーストに
"今何をすべきか"
セラピストの指針となる1冊

2021年 8月30日 発行

実践に基づく**重症心身障害児者の 理学療法ハンドブック**

編集・執筆：金子 断行、花井 丈夫、平井 孝明、染谷 淳司
執筆：榎勢 道彦、海瀬 一典、奥田 憲一、高塩 純一、齋藤 大地、辻 清張
　　　要 武志、中 徹、宮本 久志、押木 利英子

豊富な治療エピソードをもつ 経験20年以上の理学療法士による執筆陣

重症児者の歴史的背景を踏まえた療育の理念や、理学療法概念と変遷、理学療法技術の理論的背景や裏づけとともに「発達保障」と「生活保障」の両面から実践的・具体的なアプローチの方法を詳しく紹介。さらには、在宅理学療法や重症児者に関連する福祉制度、チームアプローチ、余暇活動やスポーツ活動、家族支援など、多様なサービスと包括的な支援についても説明がなされ、重症児者に携わる理学療法士は多面的な療育アプローチの実践に多くのヒントとアイデアを得ることができる一冊。

体裁 B5判 250ページ／本文2色
定価 4,950円（税10%）　ISBN978-4-910393-51-3

第二版
2021年7月31日発行

2021年 介護報酬改定 対応!!

リハコネ式！ **訪問リハのためのルールブック**【第二版】

編著・監修：杉浦良介 監著：大橋恵、喜多一馬、中山陽平、古谷直弘

介護保険/医療保険/障害者総合支援法/公費負担制度/訪問リハ/訪問看護
訪問リハならではのお作法と制度を見に付けよう！

リハが必要な利用者さんのご自宅で、訪問セラピストがリハを提供する訪問リハでは、セラピスト自身のルールを持ち込むのではなく、その場で生活する利用者さんが決めたルール（普通・常識）を守る必要があります。
第二版では、2021年の介護報酬改定に合わせた内容を新たに反映し、訪問セラピストが、訪問リハならではのお作法と知っておくべき制度をお届けします。
楽しく訪問リハを提供し、多くの利用者さんの在宅生活を豊かにできることを目指します。

体裁 A5判 214ページ／本文2色
定価 3,300円（税10%）　ISBN978-4-910393-49-0